LATIN AMERICA

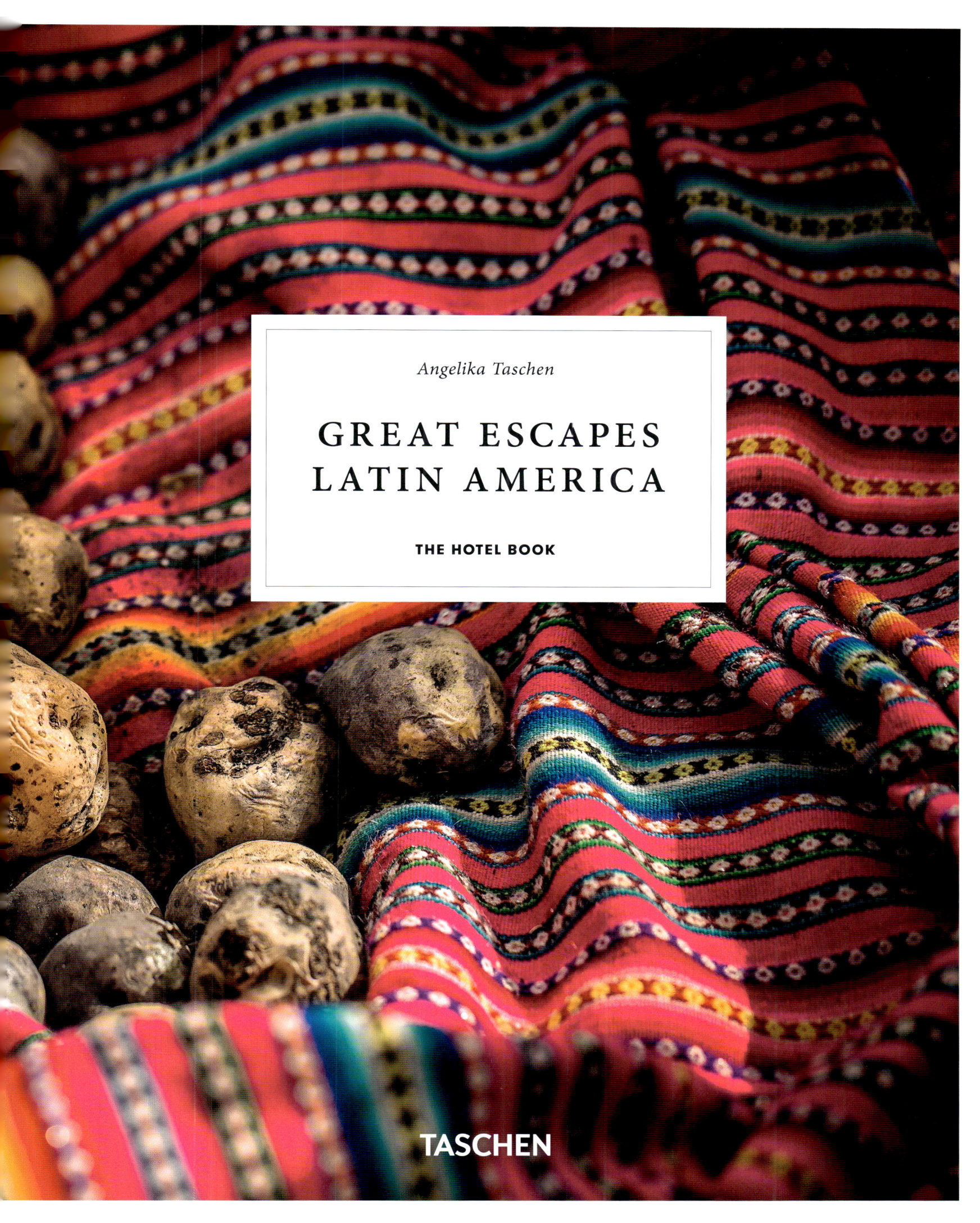

Angelika Taschen

GREAT ESCAPES LATIN AMERICA

THE HOTEL BOOK

TASCHEN

BRAZIL

- **8** *Anavilhanas Jungle Lodge*, Amazonas
- **16** *Barracuda Hotel & Villas*, Itacaré, Bahia
- **26** *Uxua Casa Hotel & Spa*, Trancoso, Bahia
- **36** *Fasano Trancoso*, Trancoso, Bahia
- **42** *Fazenda São Francisco do Corumbau*, Bahia
- **50** *Vila Naiá*, Corumbau, Bahia
- **58** *Casa Turquesa*, Paraty, Rio de Janeiro
- **64** *Fasano Boa Vista*, Porto Feliz, São Paulo
- **72** *Ponta dos Ganchos*, Governador Celso Ramos, Santa Catarina

URUGUAY

- **78** *Posada Ayana*, José Ignacio
- **88** *Casa Zinc*, Punta del Este
- **96** *Fasano Punta del Este*, Punta del Este
- **102** *Big Bang*, Sauce de Portezuelo

ARGENTINA

- **110** *La Becasina Delta Lodge*, Paraná Delta
- **116** *La Bamba de Areco*, Pampa, Buenos Aires
- **122** *Patios de Cafayate*, Cafayate, Salta
- **128** *Explora El Chaltén*, Patagonia

CHILE

- **134** *Tierra Patagonia*, Patagonia
- **140** *Mari Mari Natural Reserve*, Patagonia
- **146** *Hotel Antumalal*, Pucón, Araucanía
- **154** *Hotel Casa Real*, Buin, Metropolitana de Santiago
- **160** *Hotel Las Majadas*, Pirque, Metropolitana de Santiago
- **168** *Explora Rapa Nui*, Easter Island
- **176** *Tierra Atacama*, Atacama Desert
- **182** *Nayara Alto Atacama*, Atacama Desert

BOLIVIA

- **188** *Travesía Explora Atacama–Uyuni*, Atacama Desert & Salar de Uyuni

PERU

- **194** *Monasterio*, Cuzco
- **202** *Explora Valle Sagrado*, Valle Sagrado

ECUADOR

- **214** *Kapawi Ecolodge*, Pastaza
- **220** *Casa Gangotena*, Quito
- **226** *Mashpi Lodge*, Mashpi Reserve

COLOMBIA

- **232** *Hotel San Pedro de Majagua*, Isla Grande

COSTA RICA

- **238** *Copa De Árbol*, Drake Bay, Osa Peninsula
- **244** *Nantipa*, Santa Teresa, Nicoya Peninsula
- **250** *Nayara Tented Camp*, La Fortuna, Alajuela

NICARAGUA

- **256** *Morgan's Rock*, San Juan del Sur
- **262** *Isleta El Espino*, Isletas de Granada
- **268** *Tribal Hotel*, Granada

GUATEMALA

- **274** *Villa Bokéh*, Antigua

BELIZE

- **280** *Turtle Inn*, Placencia

MEXICO

- **286** *Habitas Bacalar*, Bacalar, Yucatán
- **292** *Mesón Hidalgo*, San Miguel de Allende
- **300** *Casa de Sierra Nevada*, San Miguel de Allende
- **306** *Escondido Oaxaca*, Oaxaca
- **314** *Terrestre*, Puerto Escondido
- **322** *Playa Viva*, Juluchuca
- **328** *Lo Sereno*, Troncones
- **334** *Verana*, Yelapa
- **342** *Acre*, Ánimas Bajas, San José del Cabo
- **350** *Hotel San Cristóbal Baja*, Todos Santos

CONTENTS

BRAZIL
- 8 *Anavilhanas Jungle Lodge*, Amazonas
- 16 *Barracuda Hotel & Villas*, Itacaré, Bahia
- 26 *Uxua Casa Hotel & Spa*, Trancoso, Bahia
- 36 *Fasano Trancoso*, Trancoso, Bahia
- 42 *Fazenda São Francisco do Corumbau*, Bahia
- 50 *Vila Naiá*, Corumbau, Bahia
- 58 *Casa Turquesa*, Paraty, Rio de Janeiro
- 64 *Fasano Boa Vista*, Porto Feliz, São Paulo
- 72 *Ponta dos Ganchos*, Governador Celso Ramos, Santa Catarina

URUGUAY
- 78 *Posada Ayana*, José Ignacio
- 88 *Casa Zinc*, Punta del Este
- 96 *Fasano Punta del Este*, Punta del Este
- 102 *Big Bang*, Sauce de Portezuelo

ARGENTINA
- 110 *La Becasina Delta Lodge*, Paraná Delta
- 116 *La Bamba de Areco*, Pampa, Buenos Aires
- 122 *Patios de Cafayate*, Cafayate, Salta
- 128 *Explora El Chaltén*, Patagonia

CHILE
- 134 *Tierra Patagonia*, Patagonia
- 140 *Mari Mari Natural Reserve*, Patagonia
- 146 *Hotel Antumalal*, Pucón, Araucanía
- 154 *Hotel Casa Real*, Buin, Metropolitana de Santiago
- 160 *Hotel Las Majadas*, Pirque, Metropolitana de Santiago
- 168 *Explora Rapa Nui*, Easter Island
- 176 *Tierra Atacama*, Atacama Desert
- 182 *Nayara Alto Atacama*, Atacama Desert

BOLIVIA
- 188 *Travesía Explora Atacama–Uyuni*, Atacama Desert & Salar de Uyuni

PERU
- 194 *Monasterio*, Cuzco
- 202 *Explora Valle Sagrado*, Valle Sagrado

ECUADOR
- 214 *Kapawi Ecolodge*, Pastaza
- 220 *Casa Gangotena*, Quito
- 226 *Mashpi Lodge*, Mashpi Reserve

COLOMBIA
- 232 *Hotel San Pedro de Majagua*, Isla Grande

COSTA RICA
- 238 *Copa De Árbol*, Drake Bay, Osa Peninsula
- 244 *Nantipa*, Santa Teresa, Nicoya Peninsula
- 250 *Nayara Tented Camp*, La Fortuna, Alajuela

NICARAGUA
- 256 *Morgan's Rock*, San Juan del Sur
- 262 *Isleta El Espino*, Isletas de Granada
- 268 *Tribal Hotel*, Granada

GUATEMALA
- 274 *Villa Bokéh*, Antigua

BELIZE
- 280 *Turtle Inn*, Placencia

MEXICO
- 286 *Habitas Bacalar*, Bacalar, Yucatán
- 292 *Mesón Hidalgo*, San Miguel de Allende
- 300 *Casa de Sierra Nevada*, San Miguel de Allende
- 306 *Escondido Oaxaca*, Oaxaca
- 314 *Terrestre*, Puerto Escondido
- 322 *Playa Viva*, Juluchuca
- 328 *Lo Sereno*, Troncones
- 334 *Verana*, Yelapa
- 342 *Acre, Ánimas Bajas*, San José del Cabo
- 350 *Hotel San Cristóbal Baja*, Todos Santos

APPENDIX
- 358 Photo Credits
- 360 Imprint

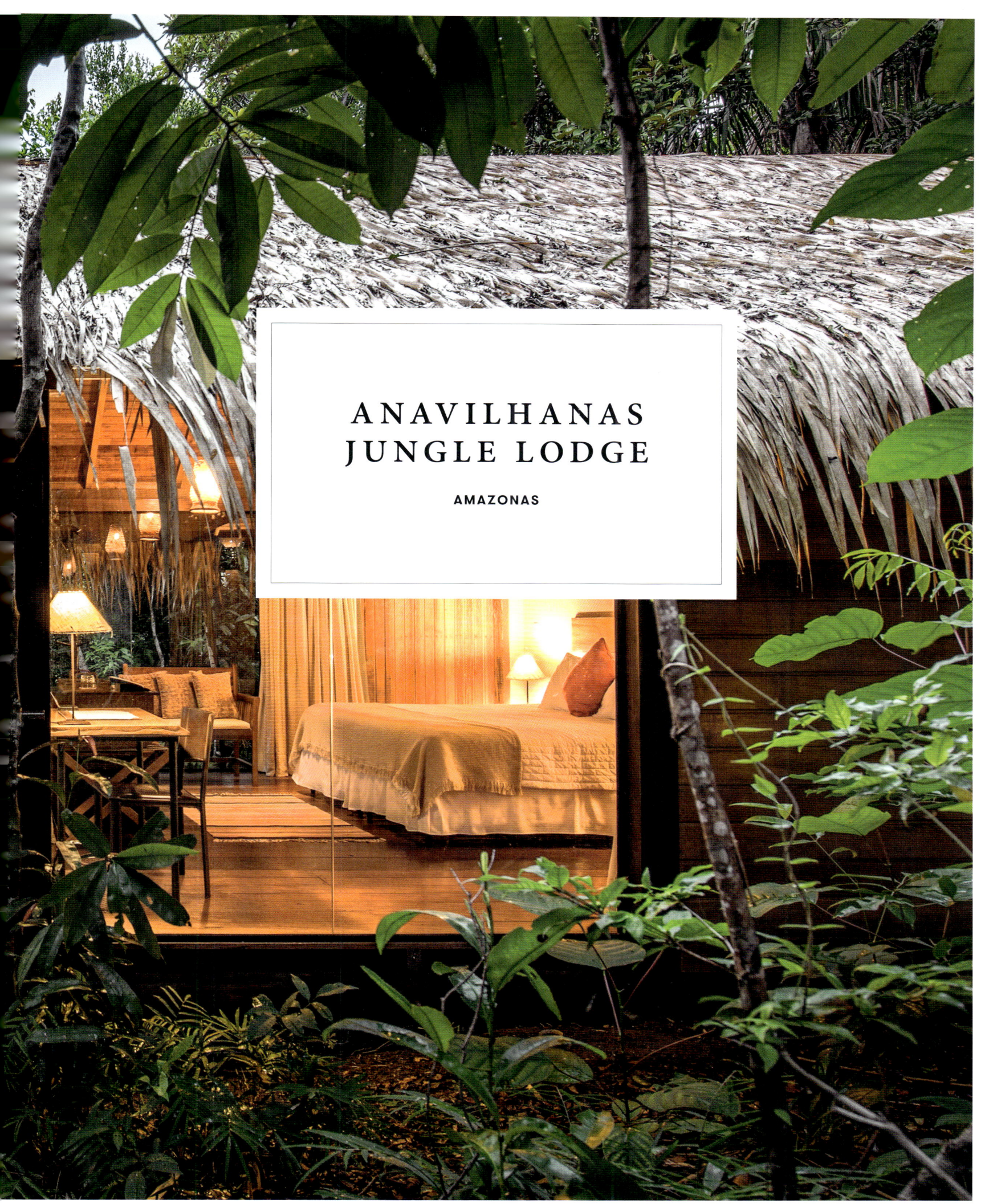

ANAVILHANAS JUNGLE LODGE

Rodovia AM 352, Km 01, Novo Airão, Amazonas, Brazil
Tel. +55 92 3622 8996 & +55 92 98111 4298 · reservas@anavilhanaslodge.com
anavilhanaslodge.com

AN AMAZON ADVENTURE

The Anavilhanas archipelago, one of the world's biggest river archipelagos, is a constantly changing labyrinth of waterways. The exact number of its approximately 400 islands fluctuates according to the weather and the water level of the Rio Negro. The river is an exotic, fascinating destination: a place to tackle the adventure of the Amazon without getting into danger or damaging a threatened ecosystem. In this lodge, located in completely green surroundings with a view far out over the water from the pool and from the deck, guests stay in generously sized cottages and bungalows. All around is a spectacular natural world, best explored with an expert guide. Those who stay on dry land can roam through the jungle by day and even by night, listening to the calls of animals, identifying different trees, and searching for wild herbs, which are regarded as medicine here. On the water, fishing for piranhas provides a mild thrill, and with a little luck, a boat trip is a chance to spot a "boto," a pink river dolphin, leaping over the gentle waves. The boto is the source of many legends in the Amazon region. The people who pass on these stories from generation to generation can be encountered on a visit to a village inhabited by Caboclos, who have both indigenous and European or also African roots. ◆
Book to pack: "Journey of the Pink Dolphins" by Sy Montgomery

DIRECTIONS *The lodge is situated about 2.5 hours' drive from Manaus on the Rio Negro (transfers by minibus are organized twice daily, and private journeys can also be booked). In a light aircraft the journey takes 35 minutes ·* **RATES** *$$$–$$$$, including transfer by minibus, full board (not including alcoholic drinks), and excursions; minimum stay 2 nights ·* **ROOMS** *16 cottages and 4 bungalows for up to 3 guests, 2 panorama bungalows for up to 4 guests ·* **FOOD** *Excellent regional and international dishes. Don't miss the floating bar on the Rio Negro ·* **HISTORY** *Opened in 2006. Since then the owners have expanded the area of protected rainforest around the lodge from 45 to 220 hectares (from 110 to 540 acres) ·* **X-FACTOR** *The experience of nature*

ABENTEUER AMAZONAS

Der Anavilhanas-Archipel ist einer der größten Flussarchipele der Welt und ein sich ständig veränderndes Labyrinth aus Wasserwegen. Die genaue Anzahl seiner rund 400 Inseln schwankt je nach Wetter und Wasserstand des Rio Negro. Der Fluss ist ein exotisches und faszinierendes Ziel: Hier kann man das Abenteuer Amazonas angehen, ohne sich Gefahren auszusetzen oder dem bedrohten Ökosystem Schaden zuzufügen. In dieser Lodge, die ganz im Grünen liegt und vom Pool wie auch vom Deck weit übers Wasser blickt, wohnen die Gäste in großzügigen Cottages und Bungalows. Ringsum erstreckt sich eine spektakuläre Natur, die man am besten mit einem fachkundigen Führer entdeckt. Wer an Land bleibt, kann den Dschungel bei Tag und sogar Nacht erwandern und dabei Tierstimmen lauschen, Bäume bestimmen und Wildkräuter aufspüren, die hier als Medizin gelten. Auf dem Wasser sorgt das Angeln nach Piranhas für leichten Nervenkitzel, und während einer Bootsfahrt sieht man mit etwas Glück den „Boto", den rosa Flussdelfin, über die sanften Wellen springen. Um ihn ranken sich im Amazonas viele Legenden. Jene, die diese Sagen von Generation zu Generation weitergeben, kann man bei einer Stippvisite in einem Dorf der Caboclos kennenlernen, die sowohl indigene als auch europäische oder afrikanische Wurzeln haben. ◆
Buchtipp: „Der Ruf der rosa Delfine" von Sy Montgomery

ANREISE *Die Lodge liegt ca. 2,5 Fahrtstunden von Manaus entfernt am Rio Negro (Transfers im Kleinbus werden zweimal täglich angeboten, zudem kann man Privatfahrten buchen). Die Anreise im Kleinflugzeug dauert 35 min* · **ZIMMER** *16 Cottages und 4 Bungalows für bis zu 3 Personen, 2 Panoramabungalows für bis zu 4 Personen* · **PREISE** *$$$–$$$$, inkl. Transfer im Kleinbus, Vollpension (ohne alkoholische Getränke) und Exkursionen; Mindestaufenthalt 2 Nächte* · **KÜCHE** *Sehr gute regionale und internationale Gerichte. Nicht verpassen: die schwimmende Bar auf dem Rio Negro* · **GESCHICHTE** *2006 eröffnet, seitdem haben die Besitzer das Gebiet geschützten Regenwalds um die Lodge von 45 auf 220 Hektar ausgedehnt* · **X-FAKTOR** *Ein Naturerlebnis*

L'AVENTURE AMAZONIENNE

L'archipel des Anavilhanas, l'un des plus grands archipels fluviaux du monde, est un labyrinthe de voies navigables en constante évolution. Le nombre exact de ses quelque 400 îles varie en fonction des conditions météorologiques et du niveau des eaux du Rio Negro. Le fleuve est une destination exotique et fascinante : ici, il est possible de se lancer dans l'aventure amazonienne sans prendre de risques ni porter atteinte à l'écosystème menacé. Dans ce lodge situé dans un cadre verdoyant, avec vue sur l'eau depuis la piscine et la terrasse, les hôtes sont logés dans des cottages et des bungalows spacieux. Une nature spectaculaire les entoure, que l'on découvrira de préférence avec un guide spécialisé. Ceux qui restent sur la terre ferme peuvent se promener dans la jungle de jour et même de nuit, en écoutant les cris des animaux, en identifiant les arbres et en découvrant les herbes sauvages dont on apprécie ici les propriétés curatives. Sur l'eau, la pêche aux piranhas procure quelques sensations fortes et, avec un peu de chance, on peut apercevoir le « boto », un dauphin rose, sauter au-dessus des vaguelettes lors d'une promenade en bateau sur la rivière. De nombreuses légendes circulent à son sujet en Amazonie, et on peut rencontrer ceux qui se transmettent ces légendes de génération en génération lors d'une visite dans un village de Caboclos, dont les origines sont aussi bien indigènes qu'européennes ou africaines. ◆
À lire : « Le dauphin de l'Amazone » de Dominique Sérafini

ACCÈS *Le lodge se trouve à environ 2,5 h de route de Manaus, au bord du Rio Negro (des transferts en minibus sont proposés deux fois par jour, on peut également réserver des transports privés). Le trajet dans un petit avion dure 35 min* · **PRIX** *$$$–$$$$, transferts en minibus, pension complète (sans boissons alcoolisées) et excursions inclus; séjour minimum de 2 nuits* · **CHAMBRES** *16 cottages et 4 bungalows pour jusqu'à 3 personnes, 2 bungalows panoramiques pour jusqu'à 4 personnes* · **RESTAURATION** *Excellente cuisine régionale et internationale. Ne pas manquer le bar flottant sur le Rio Negro* · **HISTOIRE** *Ouvert en 2006, les propriétaires ont depuis étendu la zone de forêt tropicale protégée autour du lodge, passée de 45 à 220 hectares* · **LES « PLUS »** *Une immersion dans la nature*

BARRACUDA HOTEL & VILLAS

Rua Pedro Longo, 600, Pituba, Itacaré, Bahia, Brazil
Tel. +55 73 9 9983 3405 · reservations@thebarracuda.com.br
thebarracuda.com.br

SOUTH AMERICA MEETS SCANDINAVIA

The distance from Sweden to Brazil, as the crow flies, is over 6,000 miles, yet the two countries are closer together than might be expected, as was proven by the people behind this hotel: a mixed bunch of Swedish hoteliers, business people, athletes, and artists spent a holiday in Itacaré, where they met a Brazilian couple. They all had such a good time that they decided to open a hotel together on the coast of Bahia. They wanted it to have the relaxed atmosphere of a private house, to reflect the laid-back local style, and to blend into the luxuriant green of the surroundings as if it belonged there. Their first project was a charming boutique hotel in Itacaré – and close by they added some elegant villas and this beach hotel. In a dream location between the rainforest and the ocean, it takes its cue from the rustic-chic style of Brazil and the contemporary simplicity of Scandinavia. The architect Eduardo Leite made use of local materials and clean lines, blurring the boundaries between the indoor and outdoor worlds: on all sides, guests look out into the blue or into greenery, feel the sun and the wind, hear the twittering of birds, and smell the salt in the air. An enthusiastic and knowledgeable team ensures that all guests can explore the local area just as they wish. Those who want an active vacation can ride the waves on a surfboard (Itacaré has a reputation for first-class surfing conditions), take a boat along the Rio de Contas, or sail out into the Atlantic for some game fishing. For a quieter time, they can go snorkeling in Camamu Bay, meditate at sunset, and enjoy the creative hotel cuisine, which follows the style of the hotel and combines South American and Scandinavian flavors. ◆ Book to pack: "The Lizard's Smile" by João Ubaldo Ribeiro

DIRECTIONS *Itacaré is a popular vacation spot on the coast of Bahia. The regional airport at Ilhéus is 1.5 hours away by car, and the nearest international airport is in Salvador, around 6 hours' drive away* · **RATES** *$$$–$$$$* · **ROOMS** *17 suites* · **FOOD** *Fusion cuisine with traditional Brazilian and modern Swedish influences* · **HISTORY** *Opened in January 2020 (the boutique hotel has been open since 2013)* · **X-FACTOR** *The view of the sea and the Atlantic rainforest*

SÜDAMERIKA TRIFFT SKANDINAVIEN

Gut 10 000 Kilometer Luftlinie liegen zwischen Schweden und Brasilien, und doch sind sich beide Länder bisweilen näher, als man denkt. Das bewiesen die Macher dieses Hotels: Eine bunt gemischte Gruppe mit schwedischen Hoteliers, Geschäftsleuten, Sportlern und Künstlern verbrachte einen Urlaub in Itacaré und lernte dort ein brasilianisches Paar kennen. Alle genossen die gemeinsame Zeit so sehr, dass sie beschlossen, an der Küste von Bahia zusammen ein Hotel zu gründen. Die entspannte Atmosphäre eines Privathauses sollte es haben, den lässigen lokalen Stil widerspiegeln und sich wie selbstverständlich in die üppige Natur einfügen. Ein charmantes Boutiquehotel in Itacaré war ihr erstes Projekt – ganz in der Nähe kamen später elegante Villen sowie dieses Strandhotel dazu. Traumhaft zwischen Regenwald und Ozean gelegen, verknüpft es den rustikalen Schick Brasiliens und die zeitgenössische Schlichtheit Skandinaviens. Architekt Eduardo Leite hat auf einheimische Materialien und klare Linien gesetzt und lässt Innen- und Außenwelten ineinanderfließen: Überall schaut man ins Grüne oder Blaue, spürt Sonne und Wind, hört die Vögel zwitschern und riecht das Salz in der Luft. Ein engagiertes und ortskundiges Team kümmert sich darum, dass jeder Gast die Umgebung nach seinen Wünschen erkunden kann. Aktivurlauber können mit einem Brett auf den Wellen reiten (Itacaré gilt als erstklassiger Surfspot), mit dem Boot den Rio de Contas entlangfahren oder hinaus auf den Atlantik zum Hochseefischen segeln. Wer es ruhiger mag, schnorchelt in der Bucht von Camamu, meditiert bei Sonnenuntergang und genießt die kreative Hotelküche, die ganz im Stil des Hauses südamerikanische und skandinavische Aromen kombiniert. ◆ Buchtipp: „Das Lächeln der Eidechse" von João Ubaldo Ribeiro

ANREISE *Itacaré ist ein beliebter Ferienort an der Küste von Bahia. Zum Regionalflughafen Ilhéus sind es 1,5 Fahrtstunden, der nächste internationale Flughafen in Salvador ist ca. 6 Fahrtstunden entfernt* · **PREISE** *$$$–$$$$* · **ZIMMER** *17 Suiten* · **KÜCHE** *Fusion Cuisine mit traditionellen brasilianischen und modernen schwedischen Einflüssen* · **GESCHICHTE** *Im Januar 2020 eröffnet (das Boutiquehotel gibt es seit 2013)* · **X-FAKTOR** *Der Ausblick auf das Meer und den Atlantischen Regenwald*

L'AMÉRIQUE DU SUD RENCONTRE LA SCANDINAVIE

Plus de 10 000 kilomètres à vol d'oiseau séparent la Suède du Brésil, ce qui n'empêche pas ces deux pays d'être parfois plus proches qu'on ne le pense, et cet hôtel en est la preuve. Un groupe hétéroclite d'hôteliers, d'hommes d'affaires, de sportifs et d'artistes suédois passant des vacances à Itacaré ont fait la connaissance d'un couple brésilien, et tous ont tellement apprécié cette expérience qu'ils ont décidé de fonder ensemble sur la côte de Bahia un hôtel qui aurait l'atmosphère détendue d'une maison privée, refléterait le style local décontracté et s'intégrerait tout naturellement dans la nature luxuriante. Leur premier projet a été un charmant hôtel-boutique à Itacaré ; plus tard, des villas élégantes ainsi que cet hôtel de plage sont venus s'ajouter à proximité. Situé dans un cadre de rêve entre la forêt tropicale et l'océan, il allie le chic rustique du Brésil et la sobriété contemporaine de la Scandinavie. L'architecte Eduardo Leite a misé sur des matériaux de construction indigènes et des lignes épurées, et fait en sorte que les espaces intérieur et extérieur se fondent en un même décor : partout, le regard se pose sur le vert ou le bleu, on sent le soleil et le vent sur sa peau, on entend les oiseaux chanter et on respire l'air salé. Une équipe engagée et connaissant bien les lieux veille à ce que chaque hôte puisse explorer les environs à sa guise. Les vacanciers actifs peuvent surfer sur les vagues avec une planche (Itacaré est considéré comme un spot de surf de premier ordre), longer le Rio de Contas en bateau ou naviguer sur l'Atlantique pour pêcher en haute mer. Ceux qui préfèrent le calme pourront faire de la plongée avec tuba dans la baie de Camamu, méditer au coucher du soleil et savourer la cuisine de l'hôtel qui marie avec une belle imagination et dans le style de la maison, des saveurs sud-américaines et scandinaves. ◆ À lire : « Le sourire du lézard » de João Ubaldo Ribeiro

ACCÈS *Itacaré est un lieu de villégiature très apprécié sur le littoral de Bahia. L'aéroport régional d'Ilhéus est à 1,5 h de route et l'aéroport international le plus proche, celui de Salvador, est à environ 6 h de route* · **PRIX** *$$$–$$$$* · **CHAMBRES** *17 suites* · **RESTAURATION** *Cuisine fusion avec des influences brésiliennes traditionnelles et suédoises modernes* · **HISTOIRE** *Ouvert en janvier 2020 (l'hôtel-boutique existe depuis 2013)* · **LES « PLUS »** *La vue sur la mer et la forêt atlantique*

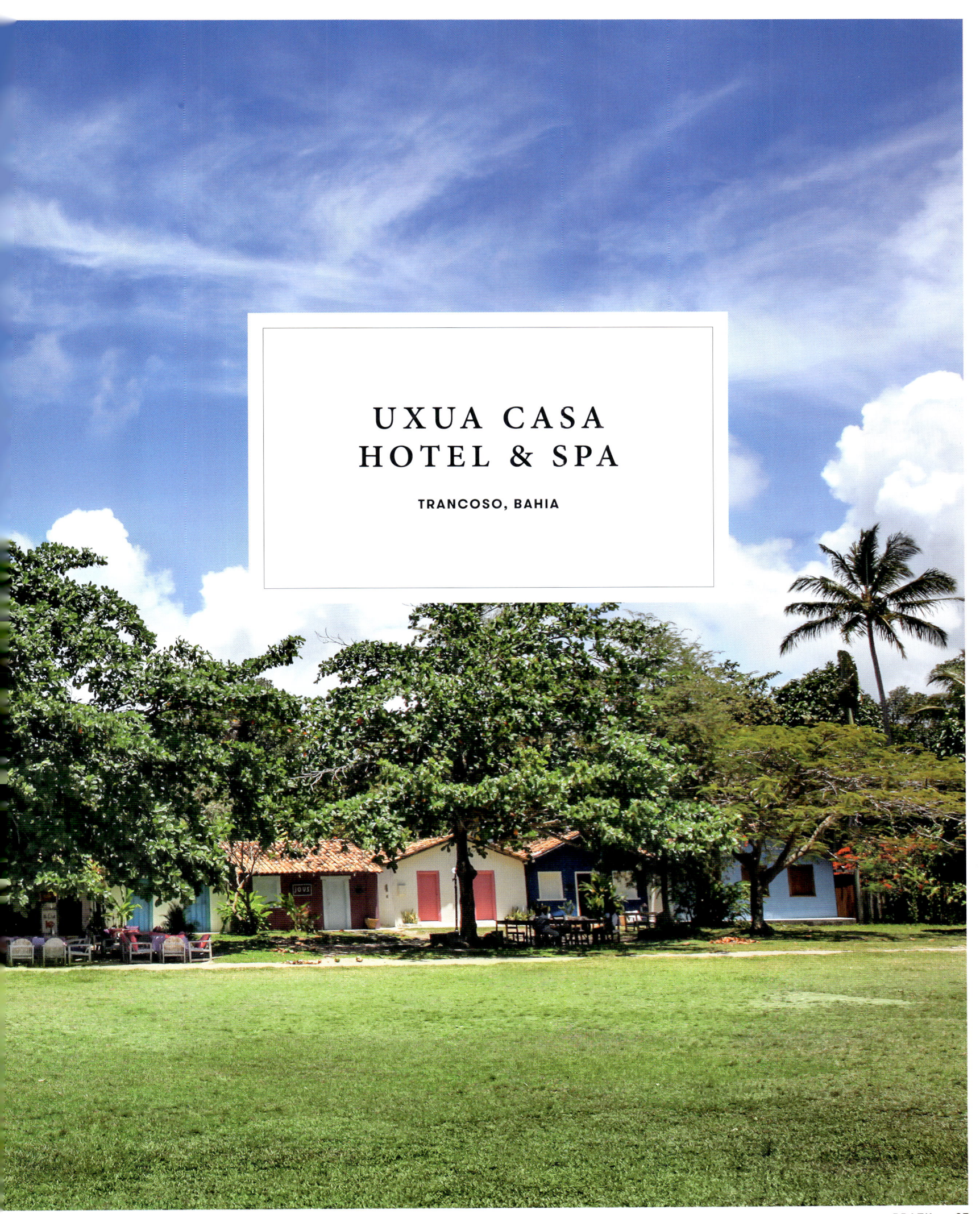

UXUA CASA HOTEL & SPA

TRANCOSO, BAHIA

UXUA CASA HOTEL & SPA

Quadrado, Trancoso, Bahia, Brazil
Tel. +55 73 3668 2277 · info@uxua.com
uxua.com

A VILLAGE IN A VILLAGE

Trancoso, founded in the late sixteenth century by Portuguese Jesuits and a destination that hippies craved for in the 1970s, has the rainforest at its back and the picture-postcard beaches of Bahia on its doorstep. The picturesque village has a whitewashed church, colorful little houses, and a central square that quintessentially captures the Brazilian love of life: it even has a place on the Unesco list of World Heritage sites. Here, right on the Quadrado, stands the Uxua, conceived by the Dutch designer Wilbert Das. Formerly creative director of the Diesel fashion label, he created a boutique hotel with individual casas, some of which are as old as Trancoso itself, while others were newly built in the traditional style. Guests can stay at what was once a pottery with ceilings sixteen feet high, in what used to be an Indian restaurant, and even in a tree house. The extras include outdoor tubs and kitchens, plunge pools, and private gardens, where monkeys sometimes clamber about and steal fruit. Inside Uxua, local craft workers and artists-in-residence have fitted out the rooms in a modern rustic and eclectic style with organic materials, vintage furniture, accessories, and touches of color – combining, almost unnoticeably, authenticity and modern amenities. On the nearby beach, yoga and capoeira courses are held, and cocktails are mixed at the bar, which is housed in a decommissioned fishing boat. A spa is also part of the ensemble. It takes inspiration from the healing practices of the indigenous Pataxó people, using coconut and cocoa for skin treatments. Incidentally, the name of the hotel derives from the Pataxó: Uxua means "wonderful" in their language. ◆ Book to pack: "The War of the Saints" by Jorge Amado

DIRECTIONS *1 hour drive from the international airport of Porto Seguro. Light aircraft can land and take off from the local airstrip* · **RATES** *$$$$* · **ROOMS** *16 casas with 1–3 bedrooms* · **FOOD** *Fresh, light dishes from Bahia are served in the "Quadrado" restaurant. Most of the casas also have a kitchen for self-catering* · **HISTORY** *Established in 2008. Holiday homes in the same style have now been built around the hotel* · **X-FACTOR** *The culture and crafts of Trancoso flourish here*

EIN DORF IM DORF

Trancoso, Ende des 16. Jahrhunderts von portugiesischen Jesuiten gegründet und in den 1970ern ein Sehnsuchtsziel der Hippies, hat den Regenwald im Rücken und die Bilderbuchstrände Bahias vor der Tür. Der pittoreske Ort besitzt eine weiß getünchte Kirche, kleine bunte Häuser und einen Dorfplatz, der die Essenz brasilianischer Lebensfreude ist – er steht sogar auf der Liste des Unesco-Weltkulturerbes. Hier, direkt am Quadrado, liegt das Uxua, eine Idee des niederländischen Designers Wilbert Das. Einst Kreativdirektor des Modelabels Diesel, erdachte er ein Boutiquehotel mit individuellen Casas, von denen einige so alt wie Trancoso selbst sind und andere im traditionellen Stil neu erbaut wurden. Man kann in einer einstigen Töpferei mit fünf Meter hoher Decke wohnen, in einem ehemaligen indischen Restaurant und sogar in einem Baumhaus. Es gibt Extras wie Außenbäder oder -küchen, Tauchpools und private Gärten, durch die gelegentlich Affen turnen und Früchte stibitzen. Im Inneren haben örtliche Kunsthandwerker sowie Artists in Residence die Räume mit organischen Materialien, Vintagemöbeln, Accessoires und Farbakzenten modern-rustikal und eklektisch eingerichtet – Authentizität und moderne Annehmlichkeiten verbinden sich fast unbemerkt. Am nahen Strand werden Yoga- und Capoeirakurse angeboten und Cocktails an der Bar gemixt, die in einem trockengelegten Fischerboot untergebracht ist. Ein Spa gehört ebenfalls zum Haus. Es lässt sich von Heilmethoden des indigenen Pataxó-Volks inspirieren und pflegt die Haut mit Kokos und Kakao. Übrigens stammt auch der Hotelname von den Pataxó – in ihrer Sprache bedeutet Uxua „wundervoll". ◆ Buchtipp: „Leute aus Bahia" von Jorge Amado

ANREISE *1 Fahrtstunde vom internationalen Flughafen Porto Seguro entfernt. Auf dem örtlichen Flugplatz können Kleinflugzeuge starten und landen ·* **PREISE** *$$$$ ·* **ZIMMER** *16 Casas mit 1–3 Schlafzimmern ·* **KÜCHE** *Im Restaurant „Quadrado" gibt es frische und leichte Gerichte aus Bahia. Die meisten Casas haben zudem eine Küche für Selbstversorger ·* **GESCHICHTE** *2008 gegründet. Inzwischen sind rund um das Hotel auch Ferienhäuser im gleichen Stil entstanden ·* **X-FAKTOR** *Hier leben die Kultur und das Kunsthandwerk von Trancoso auf*

UN VILLAGE AU VILLAGE

Fondé à la fin du XVIe siècle par des jésuites portugais et devenu une destination de rêve pour les hippies dans les années 1970, Trancoso tourne le dos à la forêt tropicale et regarde les plages enchanteresses de Bahia. Ce village pittoresque possède une église blanchie à la chaux, de petites maisons aux couleurs gaies et sa place principale, le Quadrado, est l'essence même de la joie de vivre brésilienne – elle est même inscrite sur la liste du patrimoine mondial de l'Unesco. Et c'est ici que se trouve l'Uxua, conçu par le designer néerlandais Wilbert Das. Ancien directeur artistique de la marque Diesel, il a imaginé un hôtel-boutique avec des casas individuelles – certaines sont aussi anciennes que Trancoso lui-même et d'autres ont été reconstruites dans un style traditionnel. On peut séjourner dans une ancienne poterie dotée d'un plafond de cinq mètres de haut, dans un ancien restaurant indien et même dans une cabane construite dans les arbres. Il y a des extras comme des salles de bains ou des cuisines extérieures, des piscines de plongée et des jardins privés où des singes se livrent parfois à des acrobaties et chapardent des fruits. À l'intérieur, des artisans locaux ainsi que des artistes en résidence ont aménagé les pièces de manière moderne, rustique et éclectique en utilisant des matériaux organiques, des meubles vintage, des accessoires et des accents de couleur – l'authenticité et le confort moderne se marient sans que l'on s'en aperçoive vraiment. Des cours de yoga et de capoeira sont proposés sur la plage toute proche et des cocktails peuvent être dégustés au bar qui est installé dans un bateau de pêche à sec. L'établissement comporte aussi un spa où l'on s'inspire des méthodes de soin de l'ethnie indigène Pataxó en traitant la peau avec de la noix de coco et du cacao. D'ailleurs, le nom de l'hôtel est également dû aux Pataxó – dans leur langue, Uxua signifie « merveilleux ». ◆ À lire : « Cacao » et « Suor » de Jorge Amado

ACCÈS *À 1 h de route de l'aéroport international de Porto Seguro. L'aérodrome local permet aux petits avions de décoller et d'atterrir ·* **PRIX** *$$$$ ·* **CHAMBRES** *16 casas abritant 1–3 chambres à coucher ·* **RESTAURATION** *Le restaurant « Quadrado » propose des plats frais et légers de la cuisine bahianaise. La plupart des casas disposent en outre d'une cuisine où l'on peut préparer ses repas ·* **HISTOIRE** *Fondé en 2008. Depuis, des maisons de vacances du même style ont été construites autour de l'hôtel ·* **LES « PLUS »** *La culture et l'artisanat de Trancoso revivent ici*

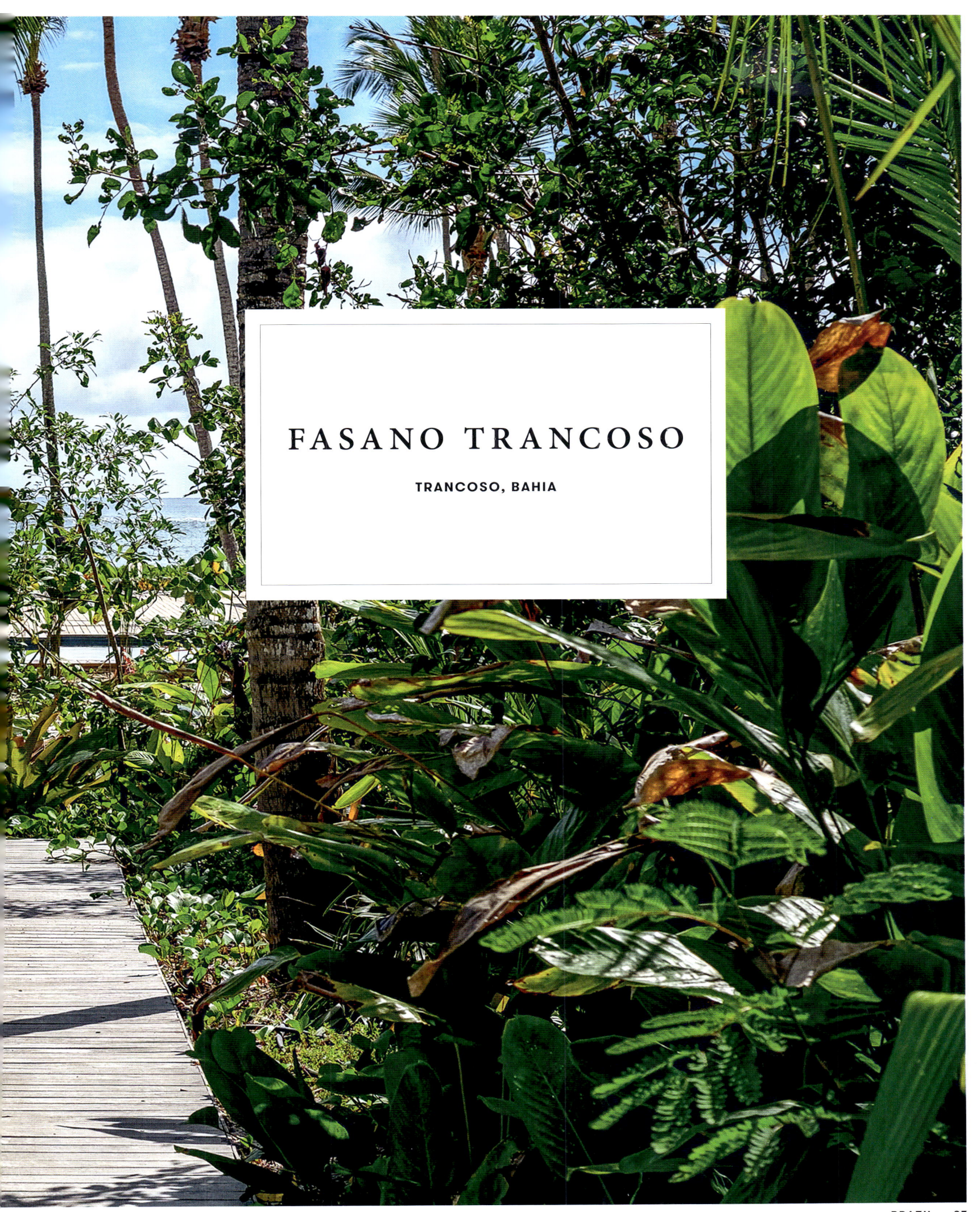

FASANO TRANCOSO

TRANCOSO, BAHIA

FASANO TRANCOSO

Estrada de Itaquena, 3925, Praia de Itapororoca, Trancoso, Bahia, Brazil
Tel. +55 73 3018 2929 & +55 73 998 181 091 (WhatsApp) · reservas.trancoso@fasano.com.br
fasano.com.br

A BEACH TO DIE FOR

Isay Weinfeld well remembers the day over twenty years ago when Rogerio (Gero) Fasano came to his studio, bringing with him for their very first meeting a sample of the bricks with which he aimed to build his first hotel. No sooner said than done. The architect and the restaurateur got along together extremely well and have planned many more hotels together since opening the Fasano São Paulo in 2003. One of the most recent is the Fasano Trancoso, built on a stunning beach. The hotel grounds cover 750 acres, one third of which is a nature reserve. As soon as they arrive at the Praia de Itapororoca, guests realize that they will never want to leave. Weinfeld has taken a wonderful composition of sky, sea, palms, and exotic plants, and skillfully made it even more beautiful: his bungalows have been placed in the greenery at exactly the right spots, constructed from natural materials, and decorated in light shades of cream, beige, and brown. They are simultaneously contemporary and timeless, a delicately balanced blend of luxury and lifestyle, elegance and relaxation. This is complemented by the spa, designed with clean lines, and the pool deck, an architectural gem in its own right: with a length of 550 yards parallel to the beach, it leads to the restaurant, where meals are cooked according to recipes handed down in the Fasano family. Since Gero's great-grandfather came to São Paulo from Milan in the early twentieth century, the Fasanos have honored the classic dishes of Italy and refined them with a touch of Brazil. Buonissimo!
◆ Book to pack: "Spilt Milk" by Chico Buarque

DIRECTIONS *1.5 hours' drive from Porto Seguro international airport. Light planes can land and take off at the local airstrip* · **RATES** *$$$$* · **ROOMS** *40 bungalows, each measuring 60–206 sq m/650–2,200 sq ft with 1–2 bedrooms* · **FOOD** *Excellent Italian dishes and wines; also pool and beach service with snacks and drinks* · **HISTORY** *Opened at the end of December 2021* · **X-FACTOR** *Dolce vita in Brazil*

AM TRAUMSTRAND

Isay Weinfeld kann sich noch gut an den Tag vor mehr als 20 Jahren erinnern, an dem Rogerio (Gero) Fasano in sein Studio kam und gleich zum ersten Treffen ein Muster des Ziegelsteins mitbrachte, aus dem sein erstes Hotel errichtet werden sollte. Gesagt, getan. Der Architekt und der Restaurateur verstanden sich ausgezeichnet und haben, seit sie 2003 das Fasano São Paulo eröffneten, schon viele weitere Hotels gemeinsam entworfen. Eines der jüngsten ist das Fasano Trancoso, das an einem Traumstrand entstand. Das Hotelgrundstück umfasst 300 Hektar, davon sind 100 Hektar Naturschutzgebiet. Schon bei der Ankunft an der Praia de Itapororoca weiß man, dass man hier nie wieder wegwill. Weinfeld hat das meisterhafte Bild aus Himmel, Meer, Palmen und exotischen Pflanzen gekonnt noch verschönert: Seine Bungalows sind genau an den richtigen Stellen ins Grüne gesetzt, aus natürlichen Materialien erbaut und in leichten Creme-, Beige- und Brauntönen gehalten. Sie sind zeitgenössisch und zeitlos zugleich, eine fein ausgewogene Mischung aus Luxus und Lifestyle, Eleganz und Entspannung. Dazu passen das geradlinig designte Spa und das Pooldeck, das ein architektonisches Schmuckstück an sich ist: Es verläuft über 500 Meter parallel zum Strand und führt zum Restaurant, in dem nach überlieferten Rezepten der Fasanos gekocht wird: Seit Geros Urgroßvater Anfang des 20. Jahrhunderts von Mailand nach São Paulo kam, hält die Familie die Klassiker der italienischen Küche in Ehren und verfeinert sie mit einer Prise Brasilien. Buonissimo! ◆ Buchtipp: „Vergossene Milch" von Chico Buarque

ANREISE *1,5 Fahrtstunden vom internationalen Flughafen Porto Seguro entfernt. Auf dem örtlichen Flugplatz können Kleinflugzeuge starten und landen* · **PREISE** *$$$$* · **ZIMMER** *40 Bungalows mit je 60–206 qm und 1–2 Schlafzimmern* · **KÜCHE** *Beste italienische Gerichte und Weine; zudem Pool- und Strandservice mit Snacks und Drinks* · **GESCHICHTE** *Ende Dezember 2021 eröffnet* · **X-FAKTOR** *Dolce Vita in Brasilien*

UNE PLAGE DE RÊVE

Isay Weinfeld se souvient très bien du jour où, il y a plus de 20 ans, Rogerio (Gero) Fasano lui a rendu visite dans son studio, apportant dès la première rencontre un échantillon de la brique qui servirait à construire son premier hôtel. Aussitôt dit, aussitôt fait. L'architecte et le restaurateur s'entendent à merveille et, depuis l'ouverture du Fasano São Paulo en 2003, ils ont déjà conçu ensemble de nombreux autres hôtels. Le Fasano Trancoso, construit sur une plage de rêve, est l'un des plus récents. L'hôtel se dresse sur un terrain de 300 hectares, dont 100 hectares de réserve naturelle. À peine arrivés à la Praia de Itapororoca, on sait qu'on ne voudra plus quitter cet endroit. Weinfeld est parvenu à embellir encore plus ce superbe paysage de ciel, de mer, de palmiers et de plantes exotiques : arborant des tons légers de crème, de beige et de brun et construits en matériaux naturels, ses bungalows sont placés exactement là où il faut dans la verdure. À la fois contemporains et intemporels, ils marient de manière subtile et équilibrée luxe et style de vie, élégance et détente, et ce en parfaite harmonie avec le spa tout en lignes droites et la terrasse de la piscine, véritable bijou architectural. Parallèle à la plage, la terrasse s'étend sur 500 mètres et mène au restaurant, où l'on cuisine selon les recettes traditionnelles des Fasano : depuis que l'arrière-grand-père de Gero a quitté Milan pour s'établir à São Paulo au début du XXe siècle, la famille honore les classiques de la cuisine italienne et les affine en y ajoutant une pincée de Brésil. Buonissimo ! ◆ À lire : « Quand je sortirai d'ici » de Chico Buarque

ACCÈS *À 1,5 h de route de l'aéroport international de Porto Seguro. Les petits avions peuvent décoller et atterrir sur l'aérodrome local* · **PRIX** *$$$$* · **CHAMBRES** *40 bungalows de 60 à 206 m², abritant 1 à 2 chambres à coucher* · **RESTAURATION** *Les meilleurs plats de la cuisine et des vins italiens, ainsi qu'un service piscine et plage proposant snacks et boissons* · **HISTOIRE** *Ouvert fin décembre 2021* · **LES « PLUS »** *La dolce vita au Brésil*

FAZENDA SÃO FRANCISCO DO CORUMBAU

Ponta do Corumbau, s/n°, Prado, Bahia, Brazil
Tel. +55 11 3078 4411 & +55 73 3294 2250 · reservas@corumbau.com.br
corumbau.com.br

TAKE IT EASY

When somebody runs in Bahia, the locals suspect that this person either must be a thief or has forgotten something incredibly important and has to fetch it as quickly as possible. They never get excited without good reason. Relaxed calm is the principle for living their lives, and this lightness of being takes hold of visitors, too, the moment they sit on the beach beneath a palm tree for the first time, bury their feet in the sand, and let their gaze sweep to the horizon, where the ocean meets the sky. With thousands of palms on an area of 415 acres and a beach just over a mile long, the Fazenda São Francisco do Corumbau is a destination to dream of for everyone who needs some time out and a break to catch their breath. The estate was once a coconut plantation. Today it is a small hotel with a main building and a handful of bungalows that add cheerful touches of red to the green garden. There are just ten rooms, which the Brazilian architect Roberto Migotto has fitted out simply with dark wood, pale fabrics, and floor-to-ceiling windows to ensure the presence of tropical nature at all times. Days can be passed effortlessly, reading a good book in a hammock, bathing in the saltwater pool, and having a siesta in the shade. When the wind is not blowing and the sea is clear and calm, guests can dive on colorful coral reefs, paddle after fish in a kayak, or take a buggy and boat across the river to Caraíva, a pretty village and a model for downshifting the pace of life: cars are prohibited on the dusty tracks, so that the residents and visitors take a horse-drawn carriage or get about calmly and casually on foot.
◆ Book to pack: "Macunaíma" by Mário de Andrade

DIRECTIONS *The journey from Porto Seguro international airport takes 4 hours, or 20 minutes by helicopter* · **RATES** *$$$$* · **ROOMS** *4 bungalows and 6 rooms in bungalows and the main building* · **FOOD** *The restaurant, in beautiful green surroundings, serves modern Brazilian and international menus with a lot of fish and seafood for lunch and dinner. Vegetarians and diners with allergies are well catered-for* · **HISTORY** *The fazenda opened as a hotel in the late 1990s and was thoroughly refurbished in 2005* · **X-FACTOR** *A beauty on the beach*

IN ALLER RUHE

Wenn in Bahia jemand rennt, mutmaßen die Einheimischen, er sei entweder ein Dieb oder er habe etwas unglaublich Wichtiges vergessen und müsse es so rasch wie möglich holen. Niemand lässt sich hier schnell aus der Ruhe bringen. Entspannte Gelassenheit ist ein Lebensprinzip, und die Leichtigkeit des Seins überträgt sich auf Gäste schon in dem Moment, in dem sie zum ersten Mal unter einer Palme am Strand sitzen, die Füße im Sand vergraben und den Blick bis zum Horizont schweifen lassen, wo Ozean und Himmel zusammentreffen. Mit Tausenden von Palmen auf 167 Hektar und einem zwei Kilometer langen Strand ist die Fazenda São Francisco do Corumbau ein Traumziel für alle, die eine Auszeit und Atempause brauchen. Einst war die Anlage eine Kokosplantage, heute ist sie ein kleines Hotel mit Haupthaus und einer Handvoll Bungalows, die im grünen Garten fröhliche rote Akzente setzen. Der brasilianische Architekt Roberto Migotto hat die gerade einmal zehn Zimmer schlicht mit dunklem Holz, hellen Stoffen und raumhohen Fenstern ausgestattet, damit die tropische Natur immer präsent ist. Die Tage lassen sich mühelos damit füllen, in der Hängematte ein gutes Buch zu lesen, im Salzwasserpool zu baden und im Schatten Siesta zu halten. Ist es windstill und das Meer glatt und klar, kann man auch zu farbenprächtigen Korallenriffen tauchen, im Kajak Fischen hinterherpaddeln oder per Buggy und Boot über den Fluss nach Caraíva fahren, ein pittoreskes Dorf und ein Musterbeispiel der Entschleunigung: Autos sind auf den staubigen Wegen verboten, und Bewohner wie Besucher nehmen den Pferdewagen oder gehen ganz entspannt und gelassen zu Fuß. ◆ Buchtipp: „Macunaíma" von Mário de Andrade

ANREISE *Die Fahrt vom internationalen Flughafen Porto Seguro dauert 4 Std., der Helikopterflug 20 min* · **PREISE** *$$$$* · **ZIMMER** *4 Bungalows sowie 6 Zimmer in Bungalows und im Haupthaus* · **KÜCHE** *Das wunderschön im Grünen gelegene Restaurant serviert mittags und abends moderne brasilianisch-internationale Menüs mit viel Fisch und Seafood. Auch für Vegetarier und Allergiker wird gut gesorgt* · **GESCHICHTE** *Die Fazenda wurde Ende der 1990er als Hotel eröffnet und 2005 grunderneuert* · **X-FAKTOR** *Eine Strandschönheit*

EN TOUTE TRANQUILLITÉ

Lorsque les habitants de Bahia voient quelqu'un courir, ils le prennent pour un voleur, ou pensent qu'il a oublié quelque chose d'excessivement important qu'il doit récupérer au plus vite. Ici, personne ne s'émeut facilement. La sérénité est un principe de vie et dès que les hôtes s'assoient pour la première fois sous un palmier sur la plage, les pieds enfouis dans le sable et le regard errant à l'horizon, là où se rejoignent l'océan et le ciel, ils prennent conscience de la légèreté de l'existence. Avec des milliers de palmiers répartis sur 167 hectares et une plage de deux kilomètres de long, la Fazenda São Francisco do Corumbau est une destination de rêve pour ceux qui ont besoin de s'évader et de respirer. L'ancienne plantation de cocotiers est aujourd'hui un petit complexe hôtelier comprenant une maison principale et une poignée de bungalows qui posent de joyeux accents rouges dans le jardin verdoyant. L'architecte brésilien Roberto Migotto a aménagé sobrement les dix chambres avec des bois sombres, des tissus clairs et des fenêtres du sol au plafond, afin que la nature tropicale reste présente à l'intérieur. Les journées s'écoulent aisément en lisant un bon livre, allongé dans le hamac, en se baignant dans la piscine d'eau salée et en faisant la sieste à l'ombre. S'il n'y a pas de vent et que la mer est lisse et claire, on peut faire de la plongée jusqu'aux récifs coralliens aux superbes couleurs, suivre des poissons en kayak ou traverser la rivière en buggy et en bateau jusqu'à Caraíva, un village pittoresque qui nous montre comment décompresser : les chemins poussiéreux sont interdits aux véhicules et les habitants comme les visiteurs empruntent la voiture à cheval ou se déplacent à pied, détendus et sereins. ◆ À lire : « Macounaïma » de Mário de Andrade

ACCÈS *4 h de route depuis l'aéroport international de Porto Seguro, le vol en hélicoptère dure 20 min* · **PRIX** *$$$$* · **CHAMBRES** *4 bungalows et 6 chambres dans les bungalows et la maison principale* · **RESTAURATION** *Situé dans un magnifique cadre de verdure, le restaurant sert midi et soir une cuisine moderne brésilienne et internationale (beaucoup de poisson et de fruits de mer). Une belle variété de plats est proposée aux végétariens et aux personnes souffrant d'allergie* · **HISTOIRE** *La fazenda a été ouverte comme hôtel à la fin des années 1990 et rénovée en 2005* · **LES « PLUS »** *Une beauté sur la plage*

VILA NAIÁ

CORUMBAU, BAHIA

VILA NAIÁ

Corumbau, Prado, Bahia, Brazil
Tel. +55 11 98237 0751 · reservas@vilanaia.com.br
vilanaia.com.br

A TRUE HIDEAWAY

Corumbau, Bahia, Brazil. The address of paradise is no more exact than this. Those who look for it cannot rely entirely on a guidebook, a map, or navigation systems. They are likely to have more success trusting in drivers, boatmen, and pilots with local knowledge, those who can take their passengers unerringly to Vila Naiá. Far away from the bustling side of Brazil, surrounded by national parks and reservations, the hotel lies on a lonely, seemingly endless sandy beach on the Atlantic. A mere eight suites and houses are scattered across a site designed in the style of a fishing village and covering twelve acres. The owner Renata Mellão and her architect Renato Marques tinkered with the concept for Vila Naiá for twelve years before the ensemble could be built as sustainably as possible, appear as simple and authentic as its surroundings, and nevertheless provide every amenity – they had already hit on the idea of glamping before this expression had even been coined. Plain design but a big effect applies to the restaurant, too, which was conceived with input from well-known Brazilian chefs. The vegetables come from the hotel's own organic garden, and fish are netted just off the coast of Corumbau. Simple ingredients are served in a sensuous atmosphere – dinner down by the sea, for example, beneath the twinkling stars. Even the sightseeing is out of the ordinary, when guests go whale-watching off the coast, take a boat trip through the mangroves into the sunset, or see how members of the Pataxó people celebrate the full moon in their Awê ritual. ◆ Book to pack: "Captains of the Sands" by Jorge Amado

DIRECTIONS *The hotel lies south of Porto Seguro airport and recommends various options for transfer: the journey takes about 3.5 hours by car, 2.5–3 hours by a combination of car and boat, 20 minutes by helicopter ·* **RATES** *$$$$ including full board ·* **ROOMS** *4 suites and 4 houses, including 1 double house with 2 bedrooms ·* **FOOD** *Excellent seasonal cuisine in the restaurant, which also has a bar with a garden view; in addition there is a beach bar ·* **HISTORY** *Opened in 2004 ·* **X-FACTOR** *A world away from everyday life, and very close to nature*

GUT VERSTECKT

Corumbau, Bahia, Brasilien. Eine genauere Adresse hat das Paradies nicht. Wer es sucht, kann sich nur bedingt auf Reiseführer, Landkarten oder Navigationssysteme verlassen. Erfolg versprechender ist es, den ortskundigen Fahrern, Bootsführern und Piloten zu vertrauen, die ihre Passagiere zielsicher zur Vila Naiá bringen. Fernab vom quirligen Brasilien und umgeben von Nationalparks und Reservaten liegt das Hotel an einem einsamen, scheinbar endlos langen Sandstrand am Atlantik. Gerade einmal acht Suiten und Häuser verteilen sich auf dem fünf Hektar großen Grundstück, das im Stil eines Fischerdorfs angelegt ist. Zwölf Jahre lang haben die Besitzerin Renata Mellão und der Architekt Renato Marques am Konzept der Vila Naiá getüftelt, bis die Gebäude so nachhaltig wie möglich errichtet werden konnten, so schlicht und ursprünglich wie ihre Umgebung wirkten und dennoch allen Komfort boten – die Idee des Glamping ging ihnen bereits durch den Kopf, als dieser Begriff noch gar nicht erfunden war. Einfach, aber effektvoll ist auch das Restaurant gestaltet, an dessen Entwicklung bekannte brasilianische Küchenchefs mitgewirkt haben. So stammt das Gemüse aus dem hoteleigenen Biogarten, und die Fische gehen direkt vor Corumbau ins Netz. Serviert werden die simplen Zutaten in sinnlicher Atmosphäre, wie etwa bei einem Dinner direkt am Meer unter funkelnden Sternen. Selbst das Sightseeing hat Seltenheitswert, wenn man vor der Küste Wale beobachtet, mit dem Boot durch die Mangroven in den Sonnenuntergang fährt oder Mitgliedern des Pataxó-Volks beim Awê-Ritual zusieht, das den Vollmond zelebriert. ◆ Buchtipp: „Herren des Strandes" von Jorge Amado

ANREISE *Südlich des Flughafens von Porto Seguro gelegen. Das Hotel empfiehlt diverse Transfermöglichkeiten – die Autofahrt dauert ca. 3,5 Std., die Kombination aus Auto- und Bootsfahrt 2,5–3 Fahrtstunden, der Helikopterflug 20 min* · **PREISE** *$$$$, inkl. Vollpension* · **ZIMMER** *4 Suiten und 4 Häuser, darunter 1 Doppelhaus mit 2 Schlafzimmern* · **KÜCHE** *Ausgezeichnete saisonale Küche im Restaurant, zu dem eine Bar mit Blick auf den Garten gehört, außerdem gibt es eine Strandbar* · **GESCHICHTE** *2004 eröffnet* · **X-FAKTOR** *Weit weg vom Alltag und ganz nah an der Natur*

VIVONS CACHÉS

Corumbau, Bahia, Brésil… le paradis n'a pas d'adresse plus précise. Celui qui le cherche ne peut pas entièrement se fier aux guides, cartes ou systèmes de navigation. Il vaut mieux faire confiance aux chauffeurs, aux bateliers et aux pilotes qui connaissent bien les lieux et qui conduisent leurs passagers à la Vila Naiá. Loin de l'agitation brésilienne et entouré de parcs nationaux et de réserves, l'hôtel est situé à l'écart, sur une plage de sable apparemment interminable, au bord de l'Atlantique. Huit suites et maisons seulement sont réparties sur le terrain de cinq hectares, aménagé dans le style d'un village de pêcheurs. La propriétaire Renata Mellão et l'architecte Renato Marques ont mis douze ans à élaborer le concept de la Vila Naiá, jusqu'à ce que les bâtiments soient construits de la manière la plus durable possible, qu'ils soient aussi sobres et authentiques que leur environnement, tout en offrant tout le confort nécessaire – l'idée du glamping leur trottait déjà dans la tête alors que le terme n'avait pas encore été inventé. Le restaurant est lui aussi agencé avec simplicité, mais de manière effective, et des chefs brésiliens renommés ont participé à son développement. Ainsi, les légumes proviennent du jardin biologique de l'hôtel et les poissons sont pêchés directement au large de Corumbau. Ces produits naturels sont servis dans une ambiance empreinte de sensualité, par exemple lorsqu'on dîne sur la plage à la lueur des étoiles. Même les excursions sont exceptionnelles, lorsqu'on observe les baleines au large de la côte, qu'on traverse les mangroves en bateau au coucher du soleil ou qu'on regarde les membres de l'ethnie Pataxó accomplir le rituel Awê pour célébrer la pleine lune. ◆ À lire : « Capitaines des sables » de Jorge Amado

ACCÈS *Situé au sud de l'aéroport de Porto Seguro. L'hôtel recommande diverses possibilités de transfert – le trajet en voiture dure environ 3,5 h, la combinaison voiture-bateau 2,5–3 h, le vol en hélicoptère 20 min* · **PRIX** *$$$$ pension complète incluse* · **CHAMBRES** *4 suites et 4 maisons, dont 1 maison jumelée avec 2 chambres à coucher* · **RESTAURATION** *Excellente cuisine de saison au restaurant qui comprend un bar avec vue sur le jardin, ainsi qu'un bar sur la plage* · **HISTOIRE** *Ouvert en 2004* · **LES « PLUS »** *Loin, loin du quotidien et au cœur de la nature*

CASA TURQUESA

PARATY, RIO DE JANEIRO

CASA TURQUESA

Rua Doutor Pereira, 50, Paraty, Rio de Janeiro, Brazil
Tel. +55 24 3371 1037 · ctparaty@casaturquesa.com.br
casaturquesa.com.br

FAVORITE COLOR: TURQUOISE

Paraty is roughly halfway between Rio de Janeiro and São Paulo, on Brazil's Costa Verde. This picturesque little colonial town was once wealthy thanks to trade with gold and gems, coffee and sugar. Its distilleries produced cachaça, the sugar-cane spirit that goes into every proper caipirinha. After its golden years the town slid into obscurity, until it was rediscovered and opened up in the mid-twentieth century. Its historic Old Town was declared to be protected heritage and restored in exemplary fashion. The architect Renato Tavolaro refurbished more than forty buildings here. One of them is Casa Turquesa, an enchanting guesthouse that belongs to Tetê Etrusco, a former ballerina and a passionate traveler. She took inspiration from the turquoise hue of the ocean and furnished nine individual suites behind the restored eighteenth-century façade. Each of them is named after a color and fitted with a four-poster bed, a sensitive blend of antique and modern furniture, and with works by Brazilian and international artists (guests who would like an especially photogenic view should ask for a room that looks out on the bay or the roofs of the Old Town). Tetê is a hostess with all her heart. She welcomes every visitor like a long-lost friend, greeting them with kisses and a pair of Havaianas, and serves breakfast all day long. She reveals her favorite places for going out in Paraty over a chat by the pool, at the bar, or in the library. Wherever guests appear with a recommendation from Tetê, all doors are open: her network in the town is as perfect as her house.
◆ Book to pack: "Blood-Drenched Beard" by Daniel Galera

DIRECTIONS *Paraty is about 4 hours' drive from Rio de Janeiro and São Paulo. Transfers are arranged on request. Casa Turquesa is located in a quiet street in the Old Town, close to the bay* · **RATES** *$$$* · **ROOMS** *9 suites, 1 of them for families* · **FOOD** *An opulent breakfast, afternoon tea, light meals and drinks; there are many restaurants within walking distance* · **HISTORY** *Opened in 2008, one of the first luxurious boutique hotels in Paraty* · **X-FACTOR** *A massage in the idyllic gazebo*

LIEBLINGSFARBE: TÜRKIS

Etwa auf halbem Weg zwischen Rio de Janeiro und São Paulo, an Brasiliens Costa Verde, liegt Paraty. Einst wurde das malerische Kolonialstädtchen durch den Handel mit Gold und Edelsteinen, Kaffee und Zucker reich. In seinen Destillerien entstand der Zuckerrohrschnaps Cachaça, der in jede richtige Caipirinha gehört. Nach seiner Blütezeit geriet der Ort in Vergessenheit, bis man ihn Mitte des 20. Jahrhunderts neu entdeckte und erschloss. Seine historische Altstadt wurde unter Denkmalschutz gestellt und mustergültig restauriert, allein der Architekt Renato Tavolaro sanierte hier mehr als 40 Gebäude. Eines davon ist die Casa Turquesa, ein zauberhaftes Gästehaus, das der ehemaligen Ballerina und passionierten Reisenden Tetê Etrusco gehört. Sie ließ sich vom Türkis des Meeres inspirieren und richtete hinter der instand gesetzten Fassade aus dem 18. Jahrhundert neun individuelle Suiten ein. Alle sind nach Farben benannt, mit Himmelbetten, einem feinsinnigen Mix aus antiken und modernen Möbeln sowie Werken einheimischer und internationaler Künstler ausgestattet (wer sich einen besonders fototauglichen Blick wünscht, sollte nach einem Zimmer mit Sicht auf die Bucht oder die Dächer der Altstadt fragen). Tetê ist Gastgeberin mit Leib und Seele. Sie heißt jeden Besucher wie einen lang vermissten Freund willkommen, verteilt zur Begrüßung Küsschen und ein Paar Havaianas, lässt das Frühstück den ganzen Tag lang servieren und verrät beim Plausch am Pool, an der Bar oder in der Bibliothek ihre Lieblingsadressen in Paraty. Wo immer man mit ihrer Empfehlung auftaucht, öffnen sich sämtliche Türen – ihr Netzwerk in der Stadt ist ebenso vollkommen wie ihr Haus. ◆ Buchtipp: „Flut" von Daniel Galera

ANREISE *Paraty liegt ca. 4 Fahrtstunden von Rio de Janeiro und São Paulo entfernt, Transfers werden auf Wunsch organisiert. Die Casa Turquesa befindet sich in einer ruhigen Straße der Altstadt nahe der Bucht* · **PREISE** *$$$* · **ZIMMER** *9 Suiten, davon 1 für Familien* · **KÜCHE** *Feudales Frühstück, Nachmittagstee sowie leichte Gerichte und Getränke; in Gehweite liegen zahlreiche Restaurants* · **GESCHICHTE** *2008 als eines der ersten luxuriösen Boutiquehotels in Paraty eröffnet* · **X-FAKTOR** *Eine Massage im idyllischen Gartenpavillon des Hauses*

SA COULEUR PRÉFÉRÉE : LE TURQUOISE

Paraty est située sur la Costa Verde brésilienne, à mi-chemin entre Rio de Janeiro et São Paulo. Cette petite ville coloniale pittoresque doit sa richesse au commerce de l'or et des pierres précieuses, du café et du sucre. C'est dans ses distilleries qu'est née la cachaça, l'eau-de-vie de canne à sucre, qui doit figurer dans toute caïpirinha digne de ce nom. Tombée dans l'oubli après son âge d'or, la ville a été redécouverte et mise en valeur au milieu du XXe siècle. La vieille ville a été classée monument historique et restaurée de manière exemplaire, l'architecte Renato Tavolaro ayant à lui seul réhabilité plus de 40 bâtiments dont la Casa Turquesa, une charmante maison d'hôtes qui appartient à Tetê Etrusco, ancienne ballerine et voyageuse passionnée. Elle s'est inspirée du bleu turquoise de la mer et a aménagé neuf suites individuelles derrière la façade du XVIIIe siècle remise en état. Toutes portent des noms de couleurs, abritent des lits à baldaquin, un mélange raffiné de meubles anciens et modernes et des œuvres d'artistes locaux et internationaux (si vous souhaitez prendre de belles photos, demandez une chambre avec vue sur la baie ou les toits des vieux quartiers). Hôtesse dans l'âme, Tetê accueille chaque visiteur comme un ami perdu de vue depuis longtemps, distribue des bisous et une paire d'havaianas en guise de bienvenue, fait servir le petit-déjeuner toute la journée et révèle ses adresses préférées à Paraty en discutant au bord de la piscine, au bar ou dans la bibliothèque. Son réseau social en ville, aussi parfait que sa maison, fait que les portes s'ouvrent partout où l'on se présente avec ses recommandations. ◆ À lire : « La barbe ensanglantée » de Daniel Galera

ACCÈS *Paraty est située à environ 4 h de route de Rio de Janeiro et de São Paulo, des transferts peuvent être organisés sur demande. La Casa Turquesa se trouve dans une rue calme de la vieille ville, près de la baie* · **PRIX** *$$$* · **CHAMBRES** *9 suites, dont 1 réservée aux familles* · **RESTAURATION** *Petit-déjeuner somptueux, thé de cinq heures, plats légers et boissons; de nombreux restaurants sont accessibles à pied* · **HISTOIRE** *Ouvert en 2008, il était alors l'un des premiers hôtels-boutiques de luxe à Paraty* · **LES « PLUS »** *Un massage dans l'idyllique pavillon de jardin*

FASANO BOA VISTA

PORTO FELIZ, SÃO PAULO

FASANO BOA VISTA

Rodovia Castello Branco, Km 102.5, s/n, Sentido interior/capital, Porto Feliz, São Paulo, Brazil
Tel. +55 15 3261 9900 & +55 15 99111 5550 (WhatsApp) · fbv@fasano.com.br
fasano.com.br

A STAY IN THE COUNTRY

When the architect Isay Weinfeld designed Fasano Boa Vista, he wanted it to be reminiscent of the legendary country hotels that served as weekend getaways for the rich and beautiful people of his home city, São Paulo, in the 1950s and 1960s. In an extensive park, no more than one hour by car from the teeming metropolis of millions, he created a flat, calming building with a view of a lake and the sunset. It is characterized by clean lines and geometrical shapes: the main section, with its reception, restaurant, and veranda, is adjoined on both sides by slightly curving wings, each of them containing thirteen cube-like modules that accommodate the rooms and suites. Weinfeld fitted the unusually large rooms (they are between 650 and 1,900 square feet in size) with wood, stone, leather, and natural fibers in neutral shades of color – unpretentious, with a degree of understatement that does not distract from the view of superb green surroundings. Outside, guests can swim in the infinity pool or the lake, play tennis, ride a bike, have a picnic by day or count the stars by night. The fazenda Boa Vista possesses an exclusive riding and polo center and an eighteen-hole golf course designed by Randall Thompson. Fruit and vegetables are harvested every day in the ranch's own garden to be made into delicious Brazilian and Italian dishes. To accompany this there are wines from the well-stocked cellar. ◆ Book to pack: "The Chandelier" by Clarice Lispector

DIRECTIONS *2 hours' drive west of São Paulo and its international airports. The hotel has its own heliport* · **RATES** *$$$$* · **ROOMS** *39 rooms and suites* · **FOOD** *Classic Italian and Brazilian dishes in the restaurant. Cocktails and snacks are served in the lobby, and there is also a pool bar* · **HISTORY** *Opened in 2011* · **X-FACTOR** *The spa with feel-good treatments from all over the world*

EINE LANDPARTIE

Als der Architekt Isay Weinfeld das Fasano Boa Vista entwarf, wollte er an die legendären Countryhotels erinnern, die den Reichen und Schönen seiner Heimatstadt São Paulo in den 1950ern und 1960ern als Wochenendfrische dienten. In einem weitläufigen Park, gerade einmal eine Autostunde vom Trubel der Millionenmetropole entfernt, baute er ein flaches, Ruhe ausstrahlendes Gebäude mit Sicht auf einen See und den Sonnenuntergang. Es ist von klaren Linien und geometrischen Formen geprägt: Auf beiden Seiten des Hauptbereichs mit Rezeption, Restaurant und Veranda schließen sich leicht geschwungene Flügel mit je 13 würfelartigen Modulen an, in denen die Zimmer und Suiten untergebracht sind. Die außergewöhnlich großen Räume (sie messen zwischen 60 und 180 Quadratmeter) richtete Weinfeld mit Holz, Stein, Leder und Naturfasern in neutralen Farbtönen ein – unprätentiös und mit einem gewissen Understatement, das nicht von dem Blick ins großartige Grün ablenkt. Dort draußen kann man im Infinitypool oder See schwimmen, Tennis spielen, Rad fahren, tagsüber ein Picknick veranstalten oder nachts die Sterne zählen. Die Fazenda Boa Vista besitzt ein exklusives Reit- und Polozentrum und einen 18-Loch-Golfplatz, den Randall Thompson entworfen hat. Im rancheigenen Garten wird täglich Obst und Gemüse geerntet, das zu köstlichen brasilianisch-italienischen Gerichten verarbeitet wird. Ergänzt wird das Ganze mit Weinen aus einem gut sortierten Keller. ◆ Buchtipp: „Der Lüster" von Clarice Lispector

ANREISE *2 Fahrtstunden westlich von São Paulo und seinen internationalen Flughäfen gelegen. Das Hotel hat einen eigenen Heliport* · **PREISE** *$$$$* · **ZIMMER** *39 Zimmer und Suiten* · **KÜCHE** *Italienische und brasilianische Klassiker im Restaurant. In der Lobby bekommt man Cocktails und Snacks, zudem gibt es eine Poolbar* · **GESCHICHTE** *2011 eröffnet* · **X-FAKTOR** *Das Spa mit wohltuenden Anwendungen aus aller Welt*

UNE PARTIE DE CAMPAGNE

Lorsque l'architecte Isay Weinfeld a conçu le Fasano Boa Vista, il avait en tête les légendaires hôtels de campagne qui, dans les années 1950 et 1960, offraient le week-end de la fraîcheur aux heureux élus de sa ville natale, São Paulo. Dans un vaste parc, à tout juste une heure de route du tumulte de la mégapole, il a construit un bâtiment plat, respirant la sérénité, avec vue sur un lac et le coucher du soleil. Des lignes claires et des formes géométriques le caractérisent : de part et d'autre du corps principal comprenant la réception, le restaurant et la véranda, se trouvent des ailes légèrement incurvées comprenant chacune 13 modules cubiques qui abritent les chambres et les suites. Weinfeld a aménagé les pièces aux dimensions exceptionnelles (elles mesurent entre 60 et 180 mètres carrés) avec du bois, de la pierre, du cuir et des fibres naturelles dans des tons neutres – sans prétention et avec un art certain de l'understatement, afin de ne pas détourner l'attention de la vue sur la végétation magnifique. Là-bas, à l'extérieur, on peut nager dans la piscine à débordement ou le lac, jouer au tennis, faire de la bicyclette, pique-niquer pendant la journée ou compter les étoiles la nuit. La fazenda Boa Vista possède un centre d'équitation et de polo très sélect ainsi qu'un terrain de golf de 18 trous, conçu par Randall Thompson. Le jardin de la ferme produit chaque jour des fruits et des légumes qui sont transformés en de délicieux plats italo-brésiliens. Le tout est complété par des vins provenant d'une cave bien fournie. ◆ À lire : « Le lustre » de Clarice Lispector

ACCÈS *Situé à 2 h de route à l'ouest de São Paulo et de ses aéroports internationaux. L'hôtel dispose de son propre héliport* · **PRIX** *$$$$* · **CHAMBRES** *39 chambres et suites* · **RESTAURATION** *Des classiques de la cuisine italienne et brésilienne au restaurant. Le lobby propose des cocktails et des snacks, il y a aussi un bar au bord de la piscine* · **HISTOIRE** *Ouvert en 2011* · **LES « PLUS »** *Le spa qui offre des soins réparateurs originaires du monde entier*

PONTA DOS GANCHOS

GOVERNADOR CELSO RAMOS, SANTA CATARINA

PONTA DOS GANCHOS

Rua Elpidio Alves do Nascimento, 104, Governador Celso Ramos, Santa Catarina, Brazil
Tel. +55 48 3262 5040 & +55 48 3262 5000 · reservas@pontadosganchos.com.br
pontadosganchos.com.br

A GEM ON THE EMERALD COAST

When the fisherfolk of Santa Catarina in the south of Brazil could no longer live from their catch in the 1980s and needed an additional source of income, they tried their hand at farming oysters – and were surprisingly successful. Since that time, in the crystal-clear waters around Florianópolis, which are cooled slightly by currents from Patagonia, exquisite oysters with firm flesh and an extremely fine marine aroma have been cultivated. They could easily compete with the legendary kinds that are bred in North America, Europe, or Asia and could become a favorite of Michelin-starred chefs and gourmets all over the world, but only a small fraction of the production is exported. Most Santa Catarina oysters are shucked and slurped in Brazil – and of course they taste best when eaten on the spot. Guests at the Ponta dos Ganchos resort can go out to sea with a local fisherman and taste freshly harvested delicacies while still on board the boat, or enjoy them as part of a romantic meal back on dry land. Every evening the hotel, which is especially popular with couples, puts on dinner by moonlight on the beach and serves an exclusive menu for two on a tiny private island that is nicknamed "Yes Isle," because countless proposals of marriage have been accepted there. For those who want to spend a whole vacation with only their own partner for company, with a few near-invisible helpers to attend to their needs while they restore mind and body in surroundings that are like paradise, Ponta dos Ganchos is an El Dorado, by day as well as by night. Everything revolves around privacy and relaxation on the extensive and superbly beautiful grounds. Guests lie in sequestered bays for swimming or in the sun on the pool deck of their own bungalow, tone their muscles with a massage, find equilibrium in a yoga session, or go snorkeling with fish and turtles in the glittering green water of the Emerald Coast. ◆ Book to pack: "The Pilgrimage" by Paulo Coelho

DIRECTIONS *The resort is located on a private peninsula north of Florianópolis. The journey from the city's international airport takes 50 minutes, by helicopter 20 minutes* · **RATES** *$$$$; minimum stay 2 nights* · **ROOMS** *25 bungalows with an area of 80–310 sq m/860–3,340 sq ft, most with their own pool* · **FOOD** *The restaurant serves high-class meals with a Brazilian, French, or Italian flavor, as well as fine wines. For the private dinner (3 tables on the beach and 1 table on the private island are available each evening), be sure to book in good time* · **HISTORY** *The Peluffo family opened the resort in 2001* · **X-FACTOR** *One of the most exclusive hotels in Brazil*

EIN SCHMUCKSTÜCK AN DER SMARAGDKÜSTE

Als die Fischer von Santa Catarina im Süden Brasiliens in den 1980ern nicht mehr allein vom Fischfang leben konnten und eine zusätzliche Einkommensquelle brauchten, versuchten sie sich als Austernzüchter – und das mit überraschend großem Erfolg. Im glasklaren Wasser rund um Florianópolis, das von Strömen aus Patagonien leicht gekühlt wird, wachsen seitdem exquisite Austern mit festem Fleisch und feinstem Meeresaroma. Sie könnten legendären Sorten aus Nordamerika, Europa oder Asien leicht Konkurrenz machen und zur Leibspeise von Sterneköchen und Feinschmeckern in aller Welt werden, doch nur ein Bruchteil der Produktion geht in den Export. Die meisten Austern aus Santa Catarina werden in Brasilien selbst geöffnet und geschlürft, und am besten schmecken sie natürlich direkt vor Ort. Die Gäste des Resorts Ponta dos Ganchos etwa können mit einem einheimischen Fischer aufs Meer hinausfahren und die frisch geernteten Delikatessen noch an Bord oder nach der Rückkehr bei einem romantischen Essen verkosten. Jeden Abend lädt das Hotel, das bei Paaren besonders beliebt ist, zum Mondscheindinner am Strand ein und serviert ein exklusives Menü für zwei auf einer winzigen Privatinsel. Das Eiland trägt den Spitznamen „Insel Ja", da dort schon unzählige Heiratsanträge angenommen wurden. Wer einen Urlaub lang nur den eigenen Partner und einige fast unsichtbare Servicegeister in seiner Nähe haben und sich in paradiesischer Kulisse erholen möchte, findet in Ponta dos Ganchos auch tagsüber sein Dorado. Auf dem weitläufigen und wunderschönen Gelände dreht sich alles um Privatsphäre und Entspannung. Man liegt in versteckten Badebuchten oder auf dem Pooldeck des eigenen Bungalows in der Sonne, entspannt bei einer Massage die Muskeln, findet beim Yoga ins Gleichgewicht und schnorchelt in Gesellschaft von Fischen und Schildkröten durchs grün schimmernde Wasser der Smaragdküste. ◆ Buchtipp: „Unterwegs – Der Wanderer" von Paulo Coelho

ANREISE *Das Resort liegt auf einer privaten Halbinsel nördlich von Florianópolis. Die Fahrt vom internationalen Flughafen der Stadt dauert 50 min, der Helikopter braucht 20 min ·* **PREISE** *$$$$, Mindestaufenthalt 2 Nächte ·* **ZIMMER** *25 Bungalows mit je 80–310 qm, die meisten mit eigenem Pool ·* **KÜCHE** *Das Restaurant bietet vorzügliche Gerichte mit brasilianischem, französischem oder italienischem Touch sowie feine Weine. Die privaten Dinner (pro Abend stehen 3 Tische am Strand und 1 Tisch auf der Privatinsel zur Verfügung) unbedingt rechtzeitig buchen ·* **GESCHICHTE** *Die Familie Peluffo eröffnete das Resort 2001 ·* **X-FAKTOR** *Eines der exklusivsten Hotels in Brasilien*

UN JOYAU SUR LA CÔTE D'ÉMERAUDE

Dans les années 1980, ne pouvant plus vivre uniquement de la pêche et ayant besoin d'une autre source de revenus, les pêcheurs de Santa Catarina, dans le sud du Brésil, se sont essayés à l'ostréiculture. Le succès a été exceptionnel : les eaux limpides des environs de Florianópolis, légèrement rafraîchies par des courants venus de Patagonie, abritent depuis lors des huîtres savoureuses à la chair ferme et possédant une saveur iodée des plus raffinées. Elles pourraient facilement concurrencer les variétés légendaires d'Amérique du Nord, d'Europe ou d'Asie et devenir le plat préféré des chefs étoilés et des gourmets du monde entier, mais seule une fraction de la production est destinée à l'exportation. La plupart des huîtres de Santa Catarina sont dégustées au Brésil, et c'est sur place, bien sûr, qu'elles sont les meilleures. Les hôtes du complexe hôtelier Ponta dos Ganchos ont la chance de pouvoir partir en mer avec un pêcheur local et déguster les huîtres récoltées à bord, ou au retour, au cours d'un dîner romantique. L'hôtel, que les couples apprécient particulièrement, propose chaque soir un dîner au clair de lune sur la plage et sert un menu spécial pour deux sur une minuscule île privée. Celle-ci est surnommée « l'île Oui », car d'innombrables demandes en mariage y ont déjà été acceptées. Ceux et celles qui souhaitent passer des vacances en compagnie de leur partenaire et de quelques auxiliaires pratiquement invisibles et se reposer dans un décor paradisiaque trouveront leur bonheur à Ponta dos Ganchos, et ce même pendant la journée. Sur le vaste et magnifique domaine, tout est consacré à l'intimité et à la détente. On se dore au soleil dans des criques cachées ou sur la terrasse de la piscine de son bungalow, on réconforte ses muscles en se faisant masser, on retrouve son équilibre en pratiquant le yoga et on fait du snorkeling en compagnie des poissons et des tortues dans les eaux vertes et scintillantes de la côte d'Émeraude. ◆ À lire : « Maktub » de Paulo Coelho

ACCÈS *Le complexe hôtelier est situé sur une péninsule privée au nord de Florianópolis. Il faut compter 50 min de trajet depuis l'aéroport international de la ville, 20 min en hélicoptère ·* **PRIX** *$$$$, séjour minimum de 2 nuits ·* **CHAMBRES** *25 bungalows de 80 à 310 m², la plupart avec piscine privée ·* **RESTAURATION** *Le restaurant propose une cuisine excellente avec des accents brésiliens, français ou italiens, ainsi que de bons vins. Les dîners privés (3 tables sur la plage et 1 table sur l'île privée disponibles chaque soir) doivent être réservés à l'avance ·* **HISTOIRE** *La famille Peluffo a ouvert le complexe en 2001 ·* **LES « PLUS »** *Un des hôtels les plus sélects du Brésil*

POSADA AYANA

JOSÉ IGNACIO

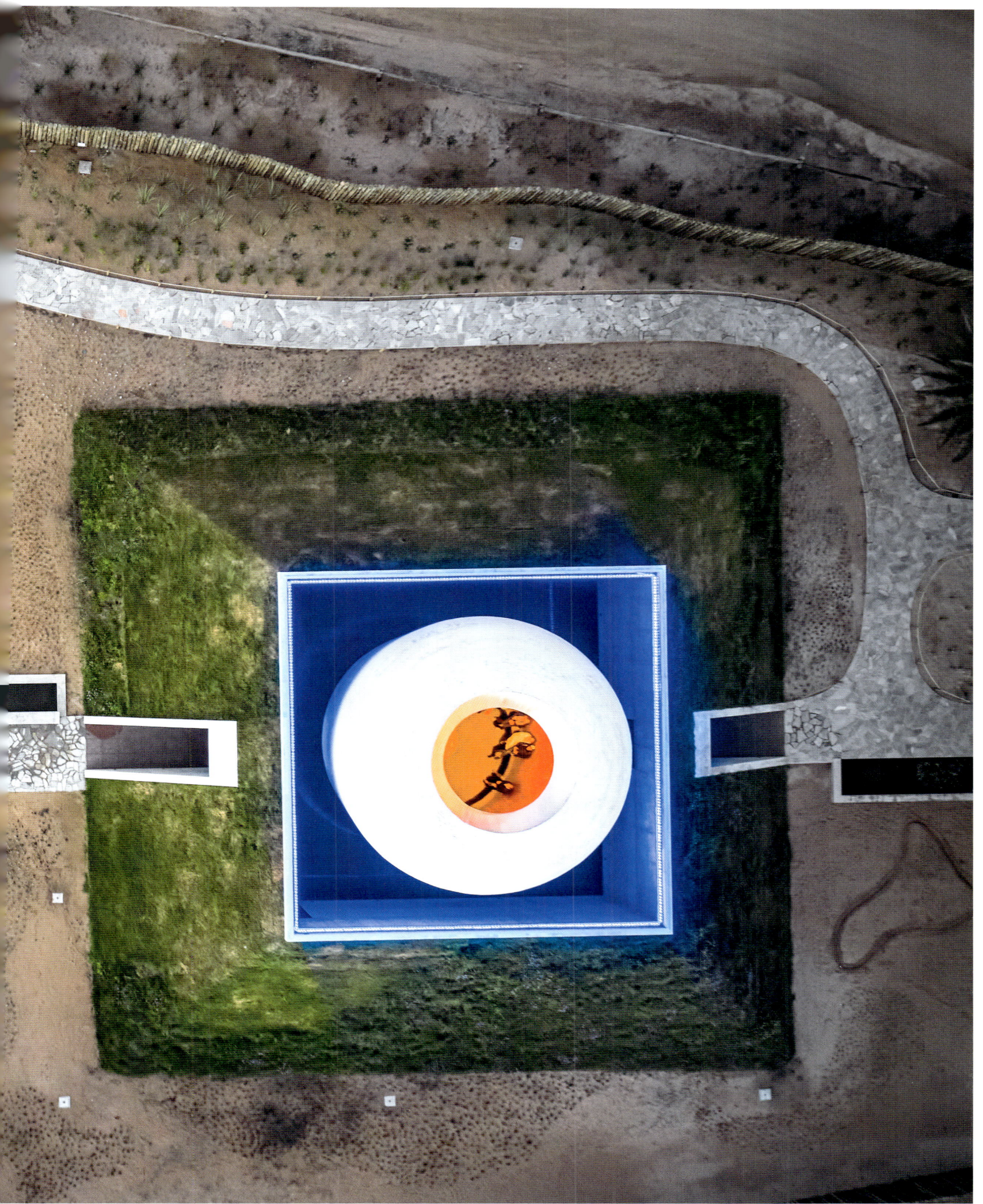

POSADA AYANA

Paseo del Marinero, José Ignacio, Maldonado, Uruguay
Tel. +598 91 929 262 · info@posada-ayana.com
posada-ayana.com

A LITTLE BIT OF HEAVEN

Robert Kofler, his wife Edda, and their two daughters Felice and Koko had long wanted to open a hotel. Robert's father once owned one in Bregenz and the family wished to follow in his footsteps. The Koflers have made their dream come true, but in Uruguay rather than at home in Austria. They fell in love with José Ignacio, once a quiet fishing village, today a sought-after vacation spot with a bohemian touch, pretty beaches, trendy restaurants, boutiques and galleries, and a clientele that has good taste and loves art. In collaboration with the architect Álvaro Pérez Azar they conceived the Posada Ayana, a wonderful modern summer house with a view across the dunes to the sea, a salt-water pool clad in green marble, and an atmosphere as relaxed as it is elegant. It is a little bit reminiscent of American mid-century chic or the European glamor of the Côte d'Azur. The rooms are bathed in light thanks to floor-to-ceiling windows, are equipped with hand-picked vintage furniture from the 1950s and 1960s, and they surprise guests with thoughtful touches such as fresh flowers and beach bags. All over the house, art from the family collection decorates the walls and even the garden has become an exhibition space: in the grounds of the Posada Ayana the American artist James Turrell designed his first detached "Skyspace" in South America, a continuation of his series of installations all over the world. This structure entitled "Ta Khut" (ancient Egyptian for "the light") combines the shape of a pyramid with that of a temple and has an opening to the sky in its white dome. Those who look upwards through it see both natural and artificial light, and experience the interior and exterior space as linked, constantly changing elements and sculptures – as lovely and inspiring to behold as the Posada Ayana itself. ◆
Book to pack: "Collected Stories" by Felisberto Hernández

DIRECTIONS *About 1 hour's drive from Punta del Este international airport. Transfer is organized on request* · **RATES** *$$$–$$$$* · **ROOMS** *14 rooms and 1 villa with 3 rooms* · **FOOD** *An opulent breakfast and lunch by the pool. On request the owners serve dinner with fresh fish, beef from Uruguay, and other local products, accompanied by Posada Ayana's house wine, Rosado Ayana* · **HISTORY** *Ayana means "beautiful flower" in Amharic. The posada opened in November 2020* · **X-FACTOR** *A secret that you will want to keep to yourself*

EIN STÜCK HIMMEL

Robert Kofler, seine Frau Edda und ihre beiden Töchter Felice und Koko wollten schon lange ein Hotel eröffnen. Roberts Vater besaß früher eines in Bregenz, und die Familie verspürte den Wunsch, in seine Fußstapfen zu treten. Die Koflers haben sich ihren Traum erfüllt, allerdings nicht daheim in Österreich, sondern in Uruguay. Dort verliebten sie sich in José Ignacio, einst ein ruhiges Fischerdorf und heute ein begehrter Ferienort im Boho-Stil mit malerischen Stränden, angesagten Restaurants, Boutiquen und Galerien sowie einem kunst- und feinsinnigen Publikum. Gemeinsam mit dem Architekten Álvaro Pérez Azar erdachten sie die Posada Ayana, ein wunderbares modernes Sommerhaus mit Blick über die Dünen bis zum Meer, einem Salzwasserpool aus grünem Marmor und einer so entspannten wie eleganten Atmosphäre. Man fühlt sich ein bisschen an den amerikanischen Mid-Century-Chic erinnert oder an den europäischen Glamour der Côte d'Azur. Die Zimmer sind dank raumhoher Fenster lichtdurchflutet, wurden mit handverlesenen Vintagemöbeln aus den 1950ern und 1960ern eingerichtet und überraschen mit Aufmerksamkeiten wie frischen Blumen oder Strandtaschen. Überall im Haus ziert Kunst aus der Familiensammlung die Wände, und selbst der Garten wurde zur Ausstellungsfläche: Auf dem Grundstück der Posada Ayana entwarf der US-Künstler James Turrell seinen ersten frei stehenden „Skyspace" in Südamerika, der die Serie seiner Installationen in aller Welt fortschreibt. Der Bau mit dem Titel „Ta Khut" (altägyptisch für „das Licht") verbindet die Form einer Pyramide mit der eines Tempels und hat in seiner weißen Kuppel eine Öffnung zum Himmel. Wer durch sie nach oben blickt, erlebt natürliches und künstliches Licht, Innen- und Außenraum als miteinander verbundene, sich ständig verändernde Elemente und Skulpturen – so schön und inspirierend anzusehen wie die Posada Ayana selbst. ◆ Buchtipp: „Die Frau, die mir gleicht" von Felisberto Hernández

ANREISE *Ca. 1 Fahrtstunde vom internationalen Flughafen Punta del Este entfernt. Der Transfer wird auf Wunsch organisiert* · **PREISE** *$$$–$$$$* · **ZIMMER** *14 Zimmer und 1 Villa mit 3 Zimmern* · **KÜCHE** *Opulentes Frühstück und Lunch am Pool. Auf Anfrage servieren die Besitzer Dinner mit frischem Fisch, Rind aus Uruguay und anderen lokalen Produkten sowie dem Hauswein Rosado Ayana* · **GESCHICHTE** *Ayana bedeutet im Amharischen „schöne Blume". Die Posada eröffnete im November 2020* · **X-FAKTOR** *Ein Geheimtipp, den man am liebsten nur für sich behalten möchte*

UN PEU DE CIEL BLEU

Robert Kofler, sa femme Edda et leurs deux filles Felice et Koko, ressentent le besoin de marcher sur les traces du père de Robert qui possédait un hôtel autrefois à Brégence, souhaitaient depuis longtemps en ouvrir un. Ils ont réalisé leur rêve, non pas chez eux en Autriche, mais en Uruguay. C'est là en effet qu'ils sont tombés amoureux de José Ignacio, un paisible village de pêcheurs devenu un lieu de villégiature recherché de style boho offrant des plages pittoresques, des restaurants, des boutiques et des galeries branchés ainsi qu'un public amateur d'art et de raffinement. Avec l'architecte Álvaro Pérez Azar, ils ont imaginé la Posada Ayana, une magnifique maison d'été moderne avec vue au-dessus des dunes jusqu'à la mer, une piscine d'eau salée en marbre vert et une atmosphère aussi décontractée qu'élégante. Tout cela évoque un peu le chic Mid-century américain ou le glamour européen de la Côte d'Azur. Les chambres inondées de lumière grâce à des fenêtres allant du sol au plafond, abritent des meubles vintage des années 1950 et 1960 choisis avec soin, et surprennent par de délicates attentions comme des fleurs fraîches ou des sacs de plage. Partout dans la maison, des œuvres d'art de la collection familiale ornent les murs, et même le jardin est devenu une surface d'exposition : sur le terrain de la Posada Ayana, l'artiste américain James Turrell a conçu son premier « Skyspace » autonome en Amérique du Sud, qui poursuit la série de ses installations dans le monde entier. La construction, intitulée « Ta Khut » (« la lumière » en égyptien ancien), allie la forme d'une pyramide à celle d'un temple et sa coupole blanche présente une ouverture au sommet. En regardant le ciel par l'ouverture, on fait l'expérience de la lumière naturelle et artificielle, de l'espace intérieur et extérieur, les concevant comme des éléments et des sculptures reliés entre eux et en constante mutation – aussi beaux et suggestifs que la Posada Ayana elle-même. ◆ À lire : « Les Hortenses » de Felisberto Hernández

ACCÈS *À environ 1 h de route de l'aéroport international de Punta del Este. Le transfert est organisé sur demande* · **PRIX** *$$$–$$$$* · **CHAMBRES** *14 chambres et 1 villa de 3 pièces* · **RESTAURATION** *Petit-déjeuner copieux et déjeuner au bord de la piscine. Sur demande, les propriétaires servent des dîners avec du poisson frais, du bœuf d'Uruguay et d'autres produits locaux, ainsi que le vin maison Rosado Ayana* · **HISTOIRE** *Ayana signifie « belle fleur » en amharique. La Posada a ouvert ses portes en novembre 2020* · **LES « PLUS »** *On aimerait garder cette adresse uniquement pour soi*

86 URUGUAY

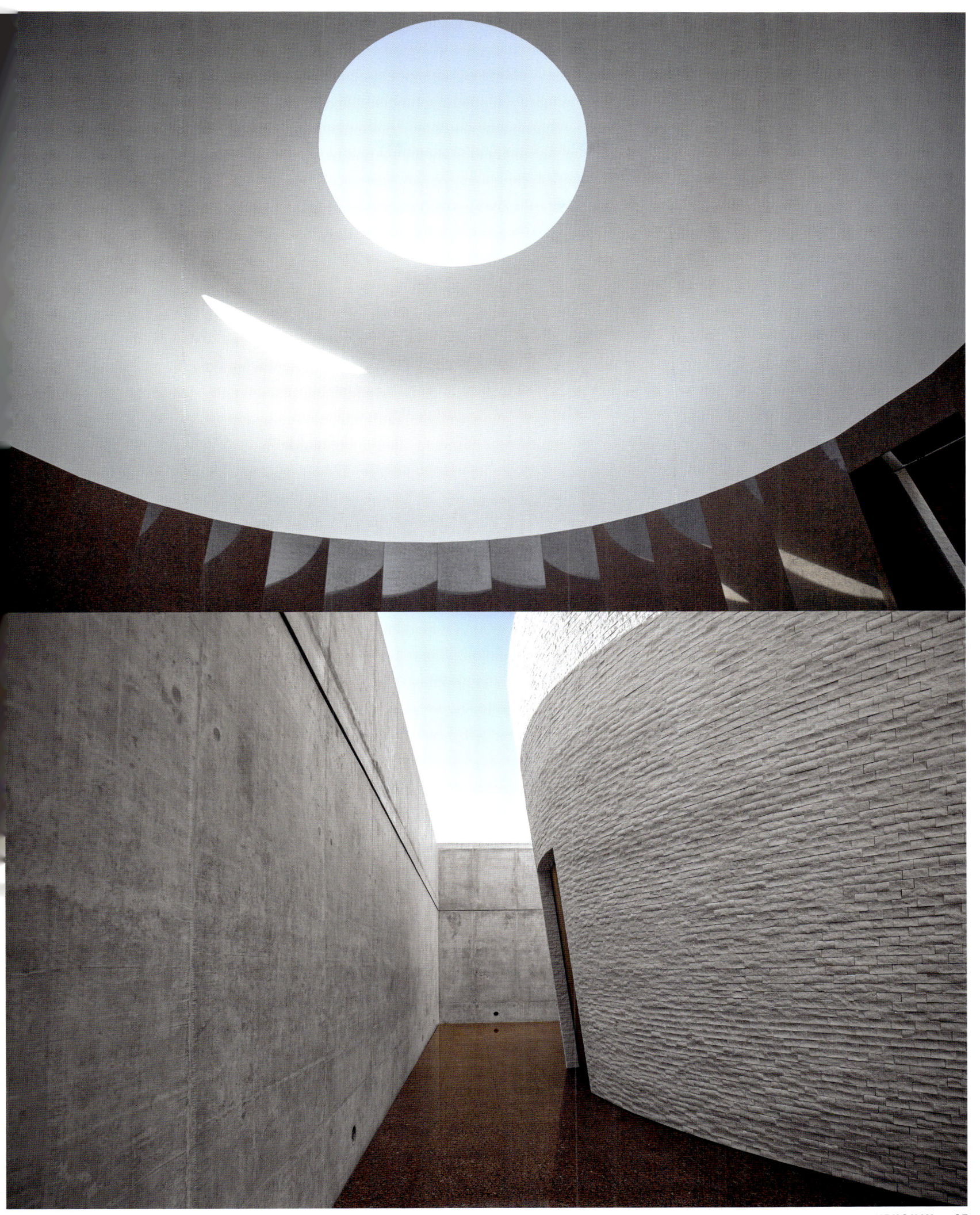

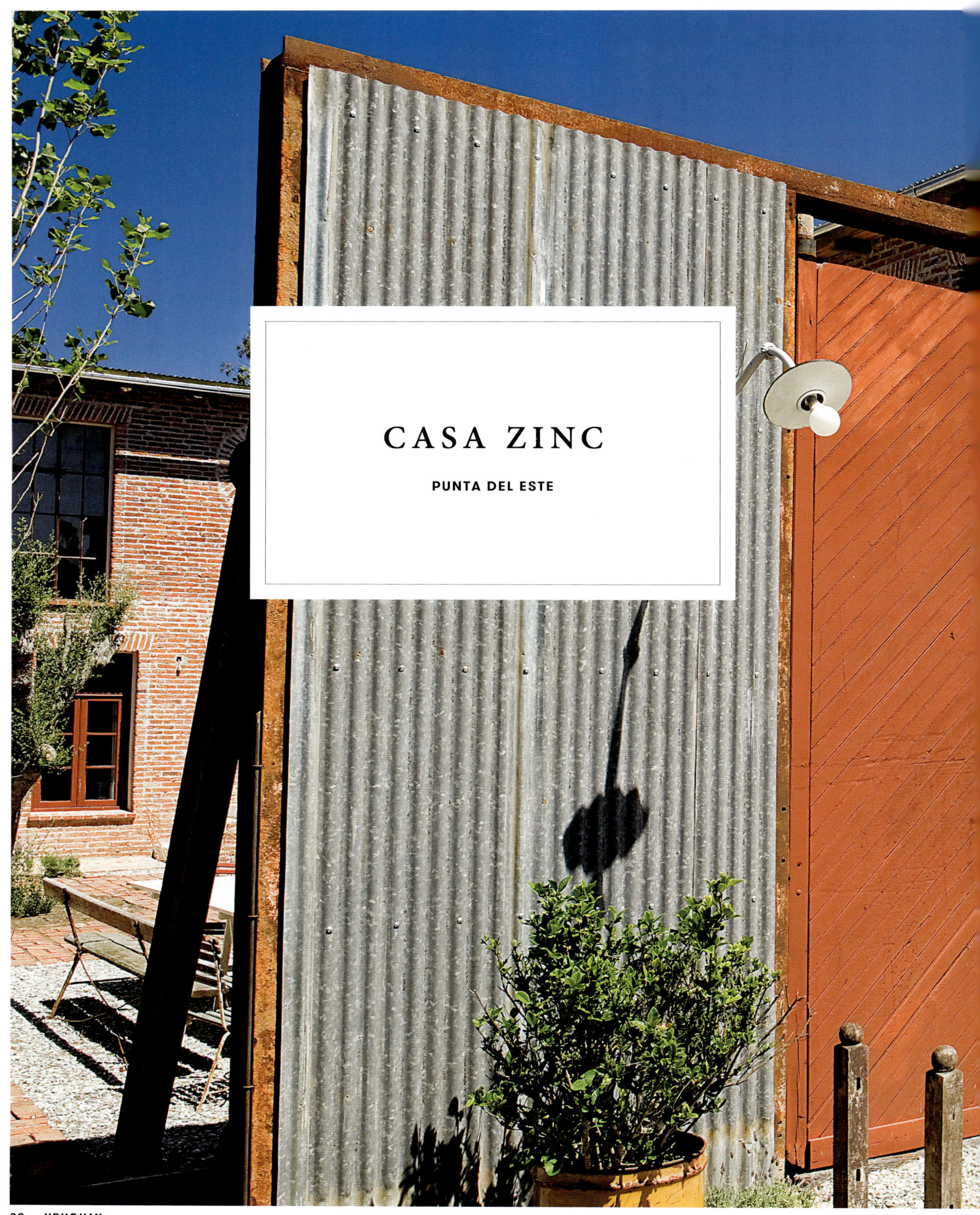

CASA ZINC

PUNTA DEL ESTE

CASA ZINC

La Barra, Punta del Este, Maldonado, Uruguay
Tel. +598 996 20 066 & +598 42 773 003 · posada@casazinc.com
casazinc.com

RETRO STYLE

The designer and antique dealer Aaron Hojman really only wanted to set up a new showroom for his finest exhibits. But things turned out a little differently. His search for a suitable location ended with the opening of this extremely loveable vintage guesthouse. Behind a façade with austere industrial charm, Casa Zinc is adorned with passionately collected, hand-picked items – from the thresholds of the doors to the nightstands. There are six individual rooms, including an atelier inspired by an architect's office from the 1940s and 1950s, a library with plenty of vacation reading, a design studio with original art deco objects, and a dormitory with three beds and a classroom atmosphere. Guests who like retro style and furniture with a history and patina have found their dream destination. To match this, the atmosphere is distinctly casual and familiar: guests sit at a communal table, are served breakfast until the afternoon, and sometimes take over at the stove themselves to cook the evening meal. This is a likeable blend that makes Casa Zinc one of the hippest spots in Uruguay – just a few minutes away from the bustling beaches of Punta del Este, but somehow in a completely different world. ◆ Book to pack: "The Truce" by Mario Benedetti

DIRECTIONS *In La Barra, 15 minutes' drive from Punta del Este and José Ignacio, 30 minutes' drive from Punta del Este international airport ·* **RATES** *$–$$$ ·* **ROOMS** *6 individual rooms, all with their own bathroom ·* **FOOD** *The opulent breakfast is served until 4 pm. There are many restaurants in the neighborhood ·* **HISTORY** *Opened in late 2008 ·* **X-FACTOR** *In the garden of Casa Zinc, guests can stay in a rail freight truck from the 1950s that the owners have turned into an apartment and furnished with finds from flea markets*

IM RETRO-STIL

Eigentlich wollte der Designer und Antiquitätenhändler Aaron Hojman nur einen neuen Showroom für seine schönsten Exponate aufmachen. Doch es kam ein bisschen anders. Seine Suche nach einer passenden Location endete mit der Eröffnung dieses überaus liebenswerten Vintage-Gasthauses. Hinter einer Fassade mit herbem Industriecharme ist die Casa Zinc von den Türschwellen bis zu den Nachtkästchen mit leidenschaftlich gesammelten und handverlesenen Stücken dekoriert. Sechs individuelle Zimmer gibt es, darunter ein von einem Architekturbüro der 1940er und 1950er inspiriertes Atelier, eine Bibliothek mit ausreichend Urlaubslektüre, ein Designstudio mit originalen Art-déco-Objekten sowie einen Schlafsaal mit drei Betten und Klassenzimmerflair. Wer den Retro-Stil und Möbel mit Geschichte und Patina mag, ist hier in seinem Traumhaus angekommen. Dazu passend ist die Stimmung betont unkompliziert und familiär: Die Gäste sitzen am gemeinsamen Esstisch, bekommen Frühstück bis in den Nachmittag hinein serviert und stellen sich auch mal selbst an den Herd, um das Abendessen zu kochen. Es ist eine sympathische Mischung, die die Casa Zinc zu einem der hippsten Plätze Uruguays macht – nur wenige Minuten von den quirligen Stränden von Punta del Este entfernt und doch irgendwie ganz woanders. ◆ Buchtipp: „Die Gnadenfrist" von Mario Benedetti

ANREISE *In La Barra gelegen, 15 Fahrtminuten von Punta del Este sowie José Ignacio entfernt und 30 Fahrtminuten vom internationalen Flughafen Punta del Este ·* **PREISE** *$–$$$ ·* **ZIMMER** *6 individuelle Zimmer, alle mit eigenem Bad ·* **KÜCHE** *Das reichhaltige Frühstück gibt es bis 16 Uhr. In der Nachbarschaft liegen zahlreiche Restaurants ·* **GESCHICHTE** *Ende 2008 eröffnet ·* **X-FAKTOR** *Im Garten der Casa Zinc kann man in einem ausrangierten Güterwagen aus den 1950ern wohnen, den der Besitzer in ein Apartment verwandelt und mit Flohmarktfunden möbliert hat*

STYLE RÉTRO

Aaron Hojman, designer et antiquaire, voulait juste ouvrir un nouveau show-room pour présenter ses plus belles pièces, mais les choses ne se sont pas passées comme il l'avait prévu. Sa recherche d'un lieu adéquat s'est achevée par l'ouverture de cette adorable auberge vintage. Derrière sa façade au charme industriel austère, la Casa Zinc est décorée, des seuils de porte aux tables de chevet, de pièces collectionnées avec passion et triées sur le volet. Elle abrite six chambres individuelles, dont un atelier inspiré d'un cabinet d'architectes des années 1940 et 1950, une bibliothèque abritant suffisamment de livres pour les vacances, un studio design décoré d'objets Art Déco originaux et un dortoir de trois lits qui évoque une salle d'école. Si vous aimez le style rétro et les meubles ayant une histoire et patinés par le temps, cette maison est faite pour vous, et l'ambiance simple et familière correspond tout à fait au cadre : les hôtes s'assoient à la table commune, se font servir le petit-déjeuner jusque dans l'après-midi et sont parfois eux-mêmes aux fourneaux pour préparer le dîner. C'est un mélange sympathique qui fait de la Casa Zinc l'un des endroits les plus branchés d'Uruguay – à quelques minutes seulement des plages animées de Punta del Este et pourtant, d'une certaine manière, tout à fait ailleurs. ◆ À lire : « La trêve » de Mario Benedetti

ACCÈS *Situé à La Barra, à 15 min en voiture de Punta del Este et de José Ignacio et à 30 min en voiture de l'aéroport international de Punta del Este ·* **PRIX** *$–$$$ ·* **CHAMBRES** *6 chambres individuelles, toutes avec salle de bains privées ·* **RESTAURATION** *Le copieux petit-déjeuner est servi jusqu'à 16 h. On trouve de nombreux restaurants dans le voisinage ·* **HISTOIRE** *Ouvert fin 2008 ·* **LES « PLUS »** *Dans le jardin, on peut loger dans un ancien wagon de marchandises des années 1950, transformé en appartement par le propriétaire et meublé avec des trouvailles chinées aux puces*

FASANO PUNTA DEL ESTE

PUNTA DEL ESTE

FASANO PUNTA DEL ESTE

Cno. C. Egusquiza y Paso del Barranco, s/n, Punta del Este, Maldonado, Uruguay
Tel. +598 42 670 000 & +598 92 828 730 (WhatsApp) · puntadeleste@fasano.com.br
fasano.com.br

ARCHITECTURE AND NATURE

Thanks to its beaches, where above-average numbers of good-looking people lie in the sun, its glamorous marina, and trendy nightclubs, Punta del Este is regarded as the Saint-Tropez of South America – with a clientele every bit as celebrated as that of its big sister in France. Ralph Lauren has been spotted here, as have Robert De Niro and Leonardo DiCaprio; stars such as Zinédine Zidane have even come all the way from France. And as in Saint-Tropez, Punta del Este boasts some of the finest hotels in the country, among them the Fasano. On stony ground covering almost 1,200 acres, the architect Isay Weinfeld converted an existing private residence with a studio and placed individual new structures in the terrain next to it. The idea was to create the impression that they appeared by chance, just like the rocks. The materials, too, relate to the authenticity, rawness, and purity of nature: the cube-shaped buildings were made from wood, stone, concrete, and steel – both simple and spectacular. The crowning glory of this ensemble is a block of suites and apartments, designed by the architect Carolina Proto as a hotel extension, that almost hovers and has phenomenal panoramic views. The restaurants and even the spa look out to the horizon, the outdoor pool was cut straight into the rocky ground, and a private beach on the nearby Maldonado River is no less chic than the beach clubs on the coast. ◆ Book to pack: "Mirrors: Stories of Almost Everyone" by Eduardo Galeano

DIRECTIONS *In La Barra, 25 minutes' drive from Punta del Este and José Ignacio, 40 minutes' drive from Punta del Este international airport ·* **RATES** *$$$–$$$$ ·* **ROOMS** *20 bungalows, 10 apartments and suites ·* **FOOD** *"Las Piedras" is a rustic restaurant for everyday dining, while the gourmet restaurant "Fasano Punta del Este" cooks Italian dishes on Friday and Saturday evenings. "Locanda" serves light meals ·* **HISTORY** *In 2010 the award-winning hotel ensemble was opened by Isay Weinfeld, and in 2016 the complex was extended ·* **X-FACTOR** *A place of pilgrimage for lovers of architecture and nature*

ARCHITEKTUR UND NATUR

Dank seiner Strände, an denen überdurchschnittlich viele schöne Menschen in der Sonne liegen, seines glamourösen Jachthafens und seiner angesagten Nachtklubs gilt Punta del Este auch als das Saint-Tropez Südamerikas – samt ebenso prominentem Publikum, wie es seine große französische Schwester hat. Ralph Lauren wurde hier schon gesehen, ebenso wie Robert De Niro und Leonardo DiCaprio; sogar aus Frankreich selbst reisen Stars wie Zinédine Zidane an. Und wie in Saint-Tropez gibt es auch in Punta del Este einige der schönsten Hotels des Landes, darunter das Fasano. Auf einem fast 500 Hektar großen steinigen Gelände hat der Architekt Isay Weinfeld ein bereits vorhandenes Privathaus mit Studio umgebaut und daneben einzelne Neubauten in die Landschaft gesetzt. Sie sollen den Eindruck vermitteln, so zufällig wie die Felsen entstanden zu sein. Auch die Materialien greifen das Ursprüngliche, Raue und Pure der Natur auf: Die quaderförmigen Bauten sind aus Holz, Stein, Beton sowie Stahl – schlicht und spektakulär zugleich. Gekrönt wird dieses Ensemble von einem fast schwebenden Block mit Suiten, Apartments und phänomenalen Panoramen, den die Architektin Carolina Proto für die Hotelerweiterung entworfen hat. Die Restaurants und selbst das Spa blicken bis zum Horizont, der Außenpool wurde direkt in den felsigen Grund gehauen, und am nahen Fluss Maldonado gibt es einen Privatstrand, der ebenso schick ist wie die Beach Clubs an der Küste. ◆ Buchtipp: „Fast eine Weltgeschichte" von Eduardo Galeano

ANREISE *In La Barra gelegen, 25 Fahrtminuten von Punta del Este sowie José Ignacio entfernt und 40 Fahrtminuten vom internationalen Flughafen Punta del Este* · **PREISE** *$$$–$$$$* · **ZIMMER** *20 Bungalows sowie 10 Apartments und Suiten* · **KÜCHE** *„Las Piedras" ist ein rustikales Restaurant für jeden Tag, das Feinschmeckerlokal „Fasano Punta del Este" bietet am Freitag- und Samstagabend italienische Küche. In der „Locanda" bekommt man leichte Gerichte* · **GESCHICHTE** *2010 wurde das preisgekrönte Hotelensemble von Isay Weinfeld eröffnet, 2016 wurde der Komplex bereits erweitert* · **X-FAKTOR** *Pilgerstätte für Architektur- und Naturliebhaber*

ARCHITECTURE ET NATURE

Avec ses plages où le nombre de beaux jeunes gens se prélassant au soleil est supérieur à la moyenne, son port de plaisance glamour et ses boîtes de nuit branchées, Punta del Este est considérée comme le Saint-Tropez de l'Amérique du Sud, et attire un public aussi célèbre que celui de sa grande sœur française. Ralph Lauren a déjà été vu ici, tout comme Robert De Niro et Leonardo DiCaprio ; même des stars françaises font le voyage, Zinédine Zidane par exemple. Et à l'instar de Saint-Tropez, Punta del Este abrite quelques-uns des plus beaux hôtels du pays, dont le Fasano. Sur un terrain rocailleux de près de 500 hectares, l'architecte Isay Weinfeld a transformé une maison privée avec studio existante et a placé à côté quelques nouvelles constructions qui doivent donner l'impression d'avoir été créées aussi fortuitement que les rochers. Les matériaux reprennent également l'aspect original, rugueux et pur de la nature : à la fois simples et spectaculaires, les bâtiments parallélépipédiques sont en bois, en pierre, en béton et en acier. Ce complexe est couronné par un bloc qui semble flotter, conçu par l'architecte Carolina Proto pour agrandir l'hôtel, et qui abrite des suites, des appartements jouissant de vues panoramiques exceptionnelles. Les restaurants et même le spa offrent une vue imprenable sur le paysage, la piscine extérieure a été creusée directement dans la roche, et la rivière Maldonado toute proche offre une plage privée aussi chic que les clubs de plage de la côte. ◆ À lire : « Enfants des jours, un calendrier de l'histoire humaine » d'Eduardo Galeano

ACCÈS *Situé à La Barra, à 25 min en voiture de Punta del Este et de José Ignacio et à 40 min en voiture de l'aéroport international de Punta del Este* · **PRIX** *$$$–$$$$* · **CHAMBRES** *20 bungalows ainsi que 10 appartements et suites* · **RESTAURATION** *« Las Piedras » est un restaurant rustique pour les repas quotidiens ; le restaurant gastronomique « Fasano Punta del Este » propose de la cuisine italienne le vendredi et le samedi soir. La « Locanda » sert des plats légers* · **HISTOIRE** *L'ensemble hôtelier primé d'Isay Weinfeld a été inauguré en 2010, et le complexe a déjà été agrandi en 2016* · **LES « PLUS »** *Les amateurs d'architecture et de nature y viennent en pèlerinage*

BIG BANG

SAUCE DE PORTEZUELO

BIG BANG

Calle De Los Eucaliptus (at the end of Calle Hacia el Oeste), Sauce de Portezuelo, Maldonado, Uruguay
Tel. +598 93 477 211 (WhatsApp) · reservasbigbang@gmail.com
bigbanguruguay.com

BETWEEN THE WOODS AND THE SEA

Travel was always an important part of the lives of Lucía Scandroglio and Leandro Deambrosi. In 2018 they even became nomads for a time, left their home country of Uruguay, and journeyed through the Pacific region and Asia for several months with their three small daughters. They planned to continue the tour, but on a visit to Uruguay saw that they had something special going for them there, and realized what they were missing on their travels: their family and friends. So they decided to return home and bring a new project to fruition. Like a creative primeval explosion, Big Bang was meant to draw people together, to be unconventional, inspiring and at the same time close to nature and sustainable. On a plot of land between the woods and the sea, guests stay in domes that stand on wooden platforms, comfortably furnished with a bed, bathroom, and even with air conditioning. There are communal areas that serve as a lounge, restaurant, studio, and atelier. Musicians give concerts on site and artists exhibit their works there (at night the illuminated domes themselves look like futuristic sculptures!). The country all around Big Bang is wild and wonderful, and can be explored while surfing, riding a horse, and hiking. Guests can also simply sit in the sun or beneath the stars, listening to the wind in the trees and the sound of the waves, and enjoy the moment – just doing nothing can be unconventional and inspiring. ◆
Book to pack: "A Dream Come True" by Juan Carlos Onetti

DIRECTIONS *On the coast of Sauce de Portezuelo, west of Punta del Este; 10 minutes' drive from the city's international airport* · **RATES** *$$* · **ROOMS** *8 domes for 2 guests each, 7 domes for 4–5 guests* · **FOOD** *Typical Uruguayan food, also vegan dishes and menus for children* · **HISTORY** *Opened in November 2019* · **X-FACTOR** *Glamping for families, friends, creative people, and everyone who likes to be active*

ZWISCHEN WALD UND MEER

Reisen war schon immer wichtig im Leben von Lucía Scandroglio und Leandro Deambrosi. 2018 wurden sie sogar zu Nomaden auf Zeit, verließen ihre Heimat Uruguay und zogen mit ihren drei kleinen Töchtern mehrere Monate lang durch den pazifischen Raum und Asien. Eigentlich sollte die Tour noch weitergehen, doch bei einem Besuch in Uruguay merkten sie, dass sie hier etwas Besonderes hatten, das ihnen unterwegs fehlte: ihre Familie und Freunde. Und so beschlossen sie, wieder nach Hause zu ziehen und ein neues Projekt zu verwirklichen. Wie ein kreativer Urknall sollte Big Bang Menschen zusammenbringen, unkonventionell, inspirierend sowie zugleich naturnah und nachhaltig sein. Auf einem Grundstück zwischen Wald und Meer wohnen die Gäste in Kuppeln, die auf Holzplattformen stehen und komfortabel mit Bett, Bad und sogar Klimaanlage ausgestattet sind. Es gibt Gemeinschaftsbereiche, die als Lounge, Restaurant, Studio und Atelier dienen – Musiker geben auf dem Gelände Konzerte, und Künstler stellen ihre Werke hier aus (nachts wirken die beleuchteten Kuppeln selbst wie futuristische Skulpturen!). Die Landschaft rings um Big Bang ist wild und wunderschön und lässt sich beim Surfen, Reiten oder Wandern erforschen. Man kann aber auch einfach in der Sonne oder unter den Sternen sitzen, dem Rauschen der Bäume und Wellen zuhören und den Moment genießen – auch Nichtstun kann unkonventionell und inspirierend sein. ◆ Buchtipp: „Ein verwirklichter Traum" von Juan Carlos Onetti

ANREISE *An der Küste von Sauce de Portezuelo, westlich von Punta del Este gelegen; 10 Fahrtminuten vom internationalen Flughafen der Stadt entfernt* · **PREISE** *$$* · **ZIMMER** *8 Kuppeln für je 2 Personen, 7 Kuppeln für je 4–5 Personen* · **KÜCHE** *Typisches aus Uruguay sowie vegane Gerichte und Kindermenüs* · **GESCHICHTE** *Im November 2019 eröffnet* · **X-FAKTOR** *Glamping für Familien, Freunde, Kreative und alle, die gern aktiv sind*

ENTRE LA MER ET LA FORÊT

Les voyages ont toujours été importants dans la vie de Lucía Scandroglio et Leandro Deambrosi. En 2018, devenus un temps nomades, ils ont même quitté leur Uruguay natal pour parcourir la région du Pacifique et l'Asie pendant plusieurs mois avec leurs trois petites filles. En fait, ils avaient prévu de poursuivre leur voyage, mais lors d'une visite en Uruguay ils ont réalisé qu'ils avaient ici quelque chose de spécial qui leur avait manqué en route : leur famille et leurs amis. Ils ont donc décidé de rentrer chez eux et de réaliser un nouveau projet. Telle une explosion de créativité, Big Bang devait rassembler les gens, être non conformiste, inspirant et en même temps proche de la nature et durable. Sur un terrain situé entre la forêt et la mer, les hôtes vivent dans des dômes posés sur des plateformes en bois, confortablement équipés d'un lit, d'une salle de bains et disposant même de climatisation. Des espaces communs servent de séjour, de restaurant, de studio et d'atelier – des musiciens donnent des concerts sur le site et des artistes y exposent leurs œuvres (la nuit, les dômes illuminés ressemblent eux-mêmes à des sculptures futuristes). Le paysage autour de Big Bang est sauvage et magnifique et peut être exploré en faisant du surf, de l'équitation ou de la randonnée. Mais on peut aussi simplement s'asseoir au soleil ou sous les étoiles, écouter le bruit des arbres et des vagues et profiter de l'instant qui passe – ne rien faire peut aussi être original et inspirant.
◆ À lire : « La vie brève » de Juan Carlos Onetti

ACCÈS *Situé sur la côte de Sauce de Portezuelo, à l'ouest de Punta del Este; à 10 min en voiture de l'aéroport international de la ville* · **PRIX** *$$* · **CHAMBRES** *8 dômes pouvant accueillir 2 personnes chacun, 7 dômes pouvant accueillir 4–5 personnes chacun* · **RESTAURATION** *Plats typiques de la cuisine uruguayenne, plats vegan et menus spéciaux pour les enfants* · **HISTOIRE** *Ouvert en novembre 2019* · **LES « PLUS »** *Glamping pour les familles, les amis, les créatifs et tous ceux qui aiment être actifs*

LA BECASINA DELTA LODGE

PARANÁ DELTA

LA BECASINA DELTA LODGE

Arroyo Las Cañas, San Fernando, Buenos Aires, Argentina
Tel. +54 911 3621 5810 & +54 11 4728 1395 · reservas@labecasina.com
labecasina.com

AN ISLAND IDYLL

This hotel can only be reached by water, and arriving there is a pleasure in itself: from Tigre the boat chugs at a leisurely pace along the narrow waterways of the Paraná Delta, yet its passengers are leaving the world of Buenos Aires, only a few miles away, very quickly. The river flows so slowly that Jorge Luis Borges described it as immobile. The end of the journey (almost at the end of the world) is a densely vegetated island on the Las Cañas river: the lodge La Becasina, named after the snipe with its long beak and quietly patterned plumage. There are no more than fifteen reed-thatched bungalows on the 175 acres of this site. They are linked by means of long boardwalks and perch in their green environment on stilts that are eight feet high. The pretty little houses provide a lot of privacy and comfort but are consciously without television and internet. It is quite simply much nicer to look out into the natural world from the terrace than to gaze at a screen! During daylight hours, the surroundings can be explored on a kayak tour among the water hyacinths or on a walk through the woods. With a little luck, visitors come across the tracks of a capybara or see one of these cute animals disappearing at speed into the undergrowth. In the evening, the host Gustavo Romero, who is a native of the islands, calls guests to the happy hour by the pool and later to an Argentinian dinner in the restaurant. What a pity that their time off flies so quickly at La Becasina, and when they are sitting in the boat on the day of departure, Tigre and Buenos Aires rapidly come nearer again. ◆ Book to pack: "Labyrinths" by Jorge Luis Borges

DIRECTIONS *Situated north of Buenos Aires and its international airport. The journey by boat from Tigre takes about 1 hour 45 minutes* · **RATES** *$–$$$, including half or full board (without alcoholic drinks)* · **ROOMS** *15 bungalow suites, 4 of them for up to 3 guests* · **FOOD** *Excellent regional country cuisine. The fish comes from the river, the fruit and vegetables from the neighboring islands, and the home-made pecan cake is a dream* · **HISTORY** *Opened in 2001* · **X-FACTOR** *The staff, many of whom were born on the Delta islands*

INSELIDYLL

Dieses Hotel kann man nur mit dem Boot erreichen, und schon die Anreise ist ein Genuss: Gemächlich tuckert man von Tigre aus über die schmalen Wasserstraßen des Paraná-Deltas, und doch entrückt man dem nur wenige Kilometer entfernten Buenos Aires in Hochgeschwindigkeit. Dabei fließt der Fluss so langsam, dass ihn Jorge Luis Borges als unbeweglich bezeichnete. Am Ende des Weges (und beinahe der Welt) wartet auf einer dicht bewachsenen Insel am Strom Las Cañas die Lodge La Becasina, benannt nach der Schnepfe Bekassine mit ihrem langen Schnabel und dezent gemusterten Gefieder. Gerade einmal 15 schilfgedeckte Bungalows gibt es auf dem 70 Hektar großen Gelände. Sie sind über lange Holzstege miteinander verbunden und balancieren mitten im Grünen auf zweieinhalb Meter hohen Stelzen. Viel Privatsphäre und Komfort bieten die hübschen Häuschen, nur auf Fernseher und Internet verzichten sie bewusst. Es ist einfach viel schöner, von der Terrasse aus in die Natur zu schauen als auf den Bildschirm zu starren! Tagsüber lässt sich die Umgebung bei einer Kajaktour zwischen Wasserhyazinthen oder bei einer Waldwanderung erkunden. Mit etwas Glück stößt man auf die Spuren eines Wasserschweins oder sieht eines der putzigen Tiere flink im Dickicht verschwinden. Abends lädt Gastgeber Gustavo Romero, der ein echter Insulaner ist, zur Happy Hour am Pool und später zum argentinischen Dinner im Restaurant ein. Zu schade, dass die Auszeit im La Becasina so schnell verfliegt und Tigre sowie Buenos Aires so schnell wieder näher kommen, wenn man am Abreisetag im Boot sitzt. ◆ Buchtipp: „Ein ewiger Traum" von Jorge Luis Borges

ANREISE *Nördlich von Buenos Aires und seinem internationalen Flughafen gelegen. Die Bootsfahrt ab Tigre dauert ca. 1 Std. 45 min* · **PREISE** *$–$$$, inkl. Halb- oder Vollpension (ohne alkoholische Getränke)* · **ZIMMER** *15 Bungalow-Suiten, 4 davon für bis zu 3 Personen* · **KÜCHE** *Beste regionale Landküche. Der Fisch kommt aus dem Fluss, das Obst und Gemüse von den Nachbarinseln, und der selbst gebackene Pekannusskuchen ist ein Gedicht* · **GESCHICHTE** *2001 eröffnet* · **X-FAKTOR** *Die Mitarbeiter, von denen viele auf den Deltainseln geboren wurden*

UNE IDYLLE INSULAIRE

Cet hôtel n'est accessible qu'en bateau, et rien que le voyage est un plaisir : depuis Tigre, on évolue tranquillement sur les étroites voies navigables du delta du Paraná, tout en s'éloignant à grande vitesse de Buenos Aires, qui n'est qu'à quelques kilomètres. Pourtant, la rivière coule si lentement que Jorge Luis Borges l'a qualifiée d'immobile. Au bout du chemin (et presque du monde), sur une île à la végétation dense, au bord du fleuve Las Cañas, se trouve le lodge La Becasina, qui doit son nom à la bécassine des marais, au long bec et au plumage discret. Les 15 bungalows aux toits de roseaux qui se trouvent sur les 70 hectares de terrain sont reliés entre eux par de longues passerelles en bois et se tiennent en équilibre au milieu de la verdure sur des pilotis de deux mètres et demi de haut. Ces jolies maisonnettes offrent beaucoup d'intimité et de confort, mais renoncent délibérément à la télévision et l'Internet – il est tout simplement plus agréable de contempler la nature depuis la terrasse que de fixer un écran ! Pendant la journée, on peut explorer les environs en faisant du kayak parmi les jacinthes d'eau ou en se promenant dans la forêt. Avec un peu de chance, on tombera sur les traces d'un capybara ou on verra l'un de ces mignons rongeurs disparaître alertement dans les fourrés. Le soir, l'hôte Gustavo Romero, un authentique insulaire, invite à une happy hour au bord de la piscine et plus tard à un dîner argentin au restaurant. Dommage que le temps ne suspende pas son vol à La Becasina, et que Tigre ainsi que Buenos Aires se rapprochent si vite lorsqu'on est sur le bateau, le jour du départ. ◆ À lire : « La proximité de la mer » de Jorge Luis Borges

ACCÈS *Situé au nord de Buenos Aires et de son aéroport international. Le trajet en bateau depuis Tigre dure environ 1 h 45 min* · **PREISE** *$–$$$, demi-pension ou pension complète comprise (sans boissons alcoolisées)* · **CHAMBRES** *15 suites bungalow, dont 4 peuvent accueillir jusqu'à 3 personnes* · **RESTAURATION** *La meilleure cuisine régionale du pays. Le poisson vient de la rivière, les fruits et légumes des îles voisines et le gâteau de noix de pécan fait maison est à tomber* · **HISTOIRE** *Ouvert en 2001* · **LES « PLUS »** *Les collaborateurs, dont beaucoup sont nés sur les îles du Delta*

LA BAMBA DE ARECO

PAMPA, BUENOS AIRES

LA BAMBA DE ARECO

Route 31, Km 7.5, San Antonio de Areco, Provincia de Buenos Aires, Argentina
Tel. +54 11 4519 4996 & +54 2326 454 895 · reservation@labambadeareco.com
labambadeareco.ar

A GUEST OF THE GAUCHOS

They have a reputation for being hard-working, reliable, and loyal. Confident, courageous, and romantic beneath a tough exterior. Their uniform consisting of trousers, shirt, neckerchief, boots, and hat, with a knife at their belt, is familiar to everyone. When Argentinians see one of them without his horse, they express sympathy because he has to walk "without his legs." Gauchos are admired in Argentina as national heroes and symbols. Their way of life remains in rural areas, where it continues to develop, as many gauchos are no longer nomads passing through the pampa in search of work but trained administrators, farmers, or entertainers, who tell visitors about the folklore of their homeland. This is the case at La Bamba de Areco, a luxurious country estate to the north-west of Buenos Aires. Since 1830, when La Bamba was founded as a post station on the Camino Real, and the early twentieth century, when it was converted into an estancia, gauchos have been part of its history. The pulperia, the oldest building on the ranch, which has benefited from an exemplary restoration in colonial style, was once a shelter for horses and carts, and later served as a saloon where the men met to eat and drink, sing and dance. Today it is a lounge with historical items as a reminder of those days and with modern works by the Argentinian photographer Aldo Sessa. Guests at La Bamba can ride out with the gauchos, take a coach ride through the area, and sit together for an asado. Here, this typical Argentinian barbecue is held traditionally at midday, not in the evening. It is also worth taking an excursion to San Antonio de Areco, a small town nearby which preserves the atmosphere of the nineteenth century just as well as the hotel does. The town has a gaucho museum and holds an annual gaucho week in November with parades and rodeos. ◆ Film to watch: "Camila" (1984) by María Luisa Bemberg, an Argentinian drama that was filmed at La Bamba and nominated for an Oscar as the best foreign-language film

DIRECTIONS *1.5–2 hours' drive from Buenos Aires and its international airport. The trip to San Antonio de Areco takes about 20 minutes* · **RATES** *$$$$, including full board and activities* · **ROOMS** *11 rooms and suites* · **FOOD** *Outstanding country cooking, with many ingredients produced on the estate* · **HISTORY** *Since 1970 La Bamba has been a protected monument. In the 1980s the estancia was one of the first in the country that opened for guests* · **X-FACTOR** *The polo-loving owner has laid out two fields for the game and named almost all of the rooms after famous horses*

ZU GAST BEI DEN GAUCHOS

Sie gelten als hart arbeitend, zuverlässig und loyal. Als selbstbewusst, mutig und romantisch unter einer rauen Schale. Ihre Uniform aus Hose, Hemd, Halstuch, Stiefeln, Mütze und Messer am Gürtel kennt jedes Kind. Sehen die Argentinier einen von ihnen ohne Pferd, bedauern sie ihn, weil er „ohne seine Beine" laufen muss. Die Gauchos werden in Argentinien als Nationalhelden und -symbole bewundert und verehrt. Ihre Kultur wird vor allem auf dem Land gepflegt und entwickelt sich dort auch weiter, denn viele Gauchos sind nicht mehr nur Nomaden, die auf der Suche nach Jobs durch die Pampa ziehen, sondern ausgebildete Verwalter, Landwirte oder Entertainer, die Fremden von der Folklore ihrer Heimat erzählen. So auch auf La Bamba de Areco, einem luxuriösen Landgut nordwestlich von Buenos Aires. Seit La Bamba 1830 als Poststation am Camino Real gegründet und Anfang des 20. Jahrhunderts in eine Estancia verwandelt wurde, sind die Gauchos Teil ihrer Geschichte. Das älteste Gebäude des mustergültig im Kolonialstil restaurierten Anwesens, die Pulperia, diente einst als Unterstand für Pferde und Wagen und später als Stube, in der sich die Männer zum Essen und Trinken, Singen und Tanzen trafen. Heute ist sie eine Lounge mit historischen Erinnerungsstücken und modernen Werken des argentinischen Fotografen Aldo Sessa. Gäste auf La Bamba können gemeinsam mit den Gauchos ausreiten, in der Kutsche durch die Gegend fahren und beim Asado zusammensitzen. Traditionell wird das typisch argentinische Barbecue hier mittags und nicht abends veranstaltet. Auch ein Ausflug nach San Antonio de Areco lohnt sich: Das nahe Städtchen hat das Flair des 19. Jahrhunderts ebenso gut bewahrt wie das Hotel, besitzt ein Gaucho-Museum und veranstaltet jedes Jahr im November eine Gaucho-Woche mit Paraden und Rodeos.
◆ Filmtipp: „Camila" (1984) von María Luisa Bemberg. Das argentinische Drama wurde auf La Bamba gedreht und war für den Oscar als bester fremdsprachiger Film nominiert

ANREISE *1,5–2 Fahrtstunden von Buenos Aires und seinem internationalen Flughafen entfernt. Nach San Antonio de Areco fährt man ca. 20 min* · **PREISE** *$$$$, inkl. Vollpension und Aktivitäten* · **ZIMMER** *11 Zimmer und Suiten* · **KÜCHE** *Vorzügliche Landküche, viele Zutaten stammen aus eigener Herstellung* · **GESCHICHTE** *Seit 1970 steht La Bamba unter Denkmalschutz. In den 1980ern war die Estancia eine der ersten im Land, die für Gäste geöffnet wurden* · **X-FAKTOR** *Der Besitzer ist Polofan und hat zwei Spielfelder anlegen lassen sowie fast alle Zimmer nach berühmten Pferden benannt*

EN VISITE CHEZ LES GAUCHOS

On les dit durs à la tâche, fidèles et loyaux. Sûrs d'eux-mêmes, courageux et romantiques sous des dehors bourrus. Qui ne connaît pas leur tenue composée d'un pantalon, d'une chemise, d'un foulard, de bottes, d'une casquette et d'un couteau à la ceinture ? Si l'un d'eux est vu sans monture, tout le monde le plaint car il doit marcher « sans ses jambes ». En Argentine, les gauchos sont des héros et des symboles nationaux admirés et vénérés. Leur culture est surtout entretenue dans les campagnes et s'y amplifie, car de nombreux gauchos ne sont plus seulement des nomades qui parcourent la pampa à la recherche d'un emploi, mais des administrateurs, des agriculteurs ou des animateurs bien formés qui parlent aux étrangers du folklore de leur pays. C'est le cas à La Bamba de Areco, un luxueux domaine au nord-ouest de Buenos Aires. Depuis que La Bamba a été fondée en 1830 comme relais de poste sur le Camino Real et transformée en estancia au début du XXe siècle, les gauchos font partie de son histoire. La pulperia, le plus ancien bâtiment du domaine, restaurée de manière exemplaire dans le style colonial, servait autrefois d'abri pour les chevaux et les voitures, puis de salle où les hommes se réunissaient pour manger et boire, chanter et danser. Aujourd'hui, elle est devenue un salon où sont exposés des souvenirs historiques et des œuvres modernes du photographe argentin Aldo Sessa. Les hôtes de La Bamba peuvent monter à cheval avec les gauchos, se promener en calèche dans la région et déguster ensemble un asado. Le barbecue typiquement argentin est organisé ici le midi ainsi que le veut la tradition. Une excursion à San Antonio de Areco vaut également le détour : la petite ville proche, tout comme l'hôtel, a conservé l'ambiance du XIXe siècle, possède un musée du gaucho et organise chaque année en novembre une semaine du gaucho avec parades et rodéos. ◆ À voir : « Camila » (1984) de María Luisa Bemberg. Le drame argentin tourné à La Bamba a été nominé à l'Oscar du meilleur film étranger

ACCÈS *À 1,5–2 h de route de Buenos Aires et de son aéroport international. San Antonio de Areco est à environ 20 min en voiture* · **PRIX** *$$$$, pension complète et activités incluses* · **CHAMBRES** *11 chambres et suites* · **RESTAURATION** *Excellente cuisine de campagne, de nombreux produits sont élaborés ici* · **HISTOIRE** *La Bamba est classée monument historique depuis 1970. L'estancia a été l'une des premières du pays à être ouverte aux visiteurs au cours des années 1980* · **LES « PLUS »** *Fan de polo, le propriétaire, a fait aménager deux terrains de jeu et a donné à presque toutes les chambres le nom de chevaux célèbres*

PATIOS DE CAFAYATE

CAFAYATE, SALTA

PATIOS DE CAFAYATE

Wine Hotel, Intersection of National Route 40 & 68, Cafayate, Salta, Argentina
Tel. +54 3868 422 229 & +54 3868 421 753 · reservas@patiosdecafayate.com
patiosdecafayate.com

WINE COUNTRY

The Calchaquí Valleys in Argentina are an extensive wine-growing region, beautiful but also extremely rugged: surrounded by the craggy eastern slopes of the Andes, the wine farms are situated at altitudes of between 4,900 to 10,200 feet (the upper figure is a world record!) and put great demands on the vines. The sun shines on them 340 days a year, but they have to sink their roots deep into the dry, sandy, and stony ground, and cope with fluctuations in temperature of some 30 degrees Celsius between day and night. If they overcome this, they produce grapes for outstandingly fresh, fruity, and intense-tasting wines that are among the best in Argentina. On the El Esteco estate near Cafayate, the self-proclaimed wine capital of the region, grapes have been pressed for these rare and select vintages since 1892, and today the wines are served to the guests of the estate's hotel. It is a picture-perfect country house: a heavy iron gate opens on buildings in the Spanish colonial style, painted gleaming white and flanking bell towers and a chapel. The house takes its name Patios de Cafayate from idyllic courtyards where fountains splash, bougainvillea bloom, and lemon trees spread their fragrance. The gardens and the rooms in Argentinian country style are equally pretty, and receive immaculate care. The vineyards of the bodega are best explored on horseback. Visitors can be initiated into the secrets of production by the wine makers, and in the evenings sample selected vintages in the restaurant or by a camp fire to the sound of traditional folk music. ◆ Book to pack: "Wind that Lays Waste" by Selva Almada

DIRECTIONS *The estate and hotel are situated in the north-west of Argentina at an altitude of 1,700 meters/5,600 feet, and are 3 hours' drive from Salta international airport ·* **RATES** *$$–$$$ ·* **ROOMS** *32 rooms ·* **FOOD** *Excellent Argentinian country-house cooking is served in the restaurant "La Rosa" – during the day in casual surroundings on the veranda by the pool, in the evening by romantic candle-light. The estate's own highland wines are served with the dishes ·* **HISTORY** *The Bodega El Esteco was previously known under the name Bodega La Rosa. The hotel opened in 2005 ·* **X-FACTOR** *Luxurious Argentinian country life*

IM WEINLAND

Die Calchaquí-Täler in Argentinien sind ein weites und wunderschönes Weinland, aber auch ein recht raues: Umgeben von den zerklüfteten Osthängen der Anden liegen die Weinberge hier rund 1500 bis 3100 Meter hoch (Letzteres ist Weltrekord!) und verlangen den Rebstöcken einiges ab. Zwar werden diese an bis zu 340 Tagen im Jahr von der Sonne beschienen, müssen ihre Wurzeln aber tief in den trockenen, sandig-felsigen Boden graben und mit Temperaturschwankungen von gut 30 Grad zwischen Tag und Nacht zurechtkommen. Doch wenn sie das schaffen, liefern sie die Trauben für außergewöhnlich frische, fruchtige und intensive Weine, die zu den besten des Landes zählen. Auf dem Gut El Esteco bei Cafayate, der selbst ernannten Weinhauptstadt der Region, werden solch seltene und erlesene Sorten seit 1892 gekeltert und heute am liebsten den Gästen des angeschlossenen Hotels ausgeschenkt. Es ist ein Landsitz wie aus dem Bilderbuch – ein schweres Eisentor öffnet sich zu Gebäuden, die im spanischen Kolonialstil gehalten und strahlend weiß getüncht sind sowie Glockentürme und eine Kapelle umfassen. Den Namen Patios de Cafayate verdankt das Haus seinen idyllischen Innenhöfen, in denen Brunnen rauschen, Bougainvilleen blühen und Zitronenbäume duften. Ebenso malerisch und makellos gepflegt sind die Gärten sowie die Zimmer im argentinischen Countrystil. Die Weinberge der Bodega erkundet man am besten auf dem Pferderücken, lässt sich von den Winzern in die Geheimnisse der Produktion einweihen und verkostet ausgesuchte Weine abends im Restaurant oder am Lagerfeuer zu den Klängen traditioneller Volksmusik. ◆ Buchtipp: „Sengender Wind" von Selva Almada

ANREISE *Gut und Hotel liegen 1700 m hoch im Nordwesten von Argentinien und sind 3 Fahrtstunden vom internationalen Flughafen Salta entfernt* · **PREISE** *$$–$$$* · **ZIMMER** *32 Zimmer* · **KÜCHE** *Im Restaurant „La Rosa" wird exzellente argentinische Landhausküche serviert – tagsüber in legerem Ambiente auf der Veranda oder am Pool, abends im romantischen Kerzenschein. Dazu trinkt man hauseigene Hochlandweine* · **GESCHICHTE** *Die Bodega El Esteco war früher unter dem Namen Bodega La Rosa bekannt. Das Hotel wurde 2005 eröffnet* · **X-FAKTOR** *Luxuriöses argentinisches Landleben*

AU PAYS DU VIN

Les Vallées Calchaquies en Argentine sont une région viticole vaste et magnifique, mais le climat y est assez rude : entourés par les versants est escarpés de la cordillère des Andes, les vignobles se trouvent ici à une altitude comprise entre 1 500 et 3 100 mètres (un record mondial !), ce qui impose aux ceps de vigne des conditions difficiles. S'ils bénéficient du soleil jusqu'à 340 jours par an, leurs racines doivent s'enfoncer profondément dans le sol sec, sablonneux et rocheux, et ils doivent s'adapter à des variations de température de 30 degrés entre le jour et la nuit. Lorsqu'ils y parviennent, leurs raisins donnent des vins exceptionnellement frais, fruités, au goût intense, qui comptent parmi les meilleurs du pays. Sur le domaine El Esteco près de Cafayate, la capitale autoproclamée du vin dans la région, on vinifie depuis 1892 de telles variétés rares et raffinées, que l'on sert aujourd'hui de préférence aux clients de l'hôtel annexe. La résidence semble sortie tout droit d'un livre d'images : une lourde porte en fer forgé s'ouvre sur des bâtiments de style colonial espagnol d'un blanc éclatant, comprenant des clochers et une chapelle. La maison doit son nom de Patios de Cafayate à ses cours intérieures paradisiaques, qui abritent des fontaines murmurantes, des bougainvilliers en fleur et des citronniers au parfum enivrant. Les jardins et les chambres de style country argentin sont tout aussi pittoresques et parfaitement entretenus. Le mieux est de découvrir les vignobles de la bodega à cheval, de se laisser initier par les viticulteurs aux secrets de la production et de déguster des vins sélectionnés le soir au restaurant ou autour d'un feu de camp, au son de la musique traditionnelle. ◆ À lire : « Après l'orage » de Selva Almada

ACCÈS *Le domaine et l'hôtel sont situés à 1 700 m d'altitude dans le nord-ouest de l'Argentine, à 3 h de route de l'aéroport international de Salta* · **PRIX** *$$–$$$* · **CHAMBRES** *32 chambres* · **RESTAURATION** *Le restaurant « La Rosa » sert une excellente cuisine de campagne argentine, le jour dans une ambiance décontractée sur la véranda ou au bord de la piscine, le soir à la lueur romantique des bougies. Le tout arrosé de vins des hauts plateaux de la maison* · **HISTOIRE** *La Bodega El Esteco était autrefois connue sous le nom de Bodega La Rosa. L'hôtel a ouvert ses portes en 2005* · **LES « PLUS »** *Le luxe dans la campagne argentine*

EXPLORA
EL CHALTÉN

PATAGONIA

TIERRA PATAGONIA

On the edge of Torres del Paine National Park, Torres del Paine, Patagonia, Magallanes, Chile
Tel. +56 2 6469 0518 · info@tierrahotels.com
tierrahotels.com

DEEPEST PATAGONIA

The three Torres del Paine ("towers of the blue sky") are the emblem of the national park of that name in the south of Chile. They stand granite-gray and needle-sharp, commanding respect. Seemingly untouched, they overlook a rugged landscape of mountains, glaciers, lakes, and barren plains: Patagonia. Since 1520, when Ferdinand Magellan discovered this region that feels like the end of the world, it has featured on the bucket lists of researchers, adventurers, and nature lovers. Today they can all stay at the Tierra Patagonia, designed by the award-winning Chilean architect Cazú Zegers. Flat, elongated, and slightly curving, this remarkable building lies on the shore of Lake Sarmiento – its shape is intended to resemble a fossil, a prehistoric animal that has been washed up on the beach. Under the influence of the wind and weather, the local Lenga wood that clads the hotel changes its color as the years pass and takes on a slightly silvery patina to match natural surroundings that were formed by ice. Inside, too, wood dominates, covering floors and walls, or serving as decoration in the form of driftwood.

The architect made almost equally generous use of glass: the rooms, the restaurant, and even the indoor pool have windows reaching from floor to ceiling, and they provide a beautiful view of the lake and the mountains. Guests can explore the surroundings on first-class guided tours that the hotel offers. The options include a hike to the Torres del Paine, of course, which requires some skill in climbing mountains and a good level of fitness. ♦ Book to pack: "In Patagonia" by Bruce Chatwin

DIRECTIONS *1.5 hours by car from Puerto Natales airport (open only in the high season) and 4.5 hours by car from Punta Arenas airport ·* **RATES** *$$$$, including transfers, full board (without alcoholic drinks), and 2 half-day trips or 1 full-day excursion; minimum stay 3 nights ·* **ROOMS** *40 rooms and suites ·* **FOOD** *Innovative Patagonian cuisine with a wonderful view from the restaurant. The house specialty, calafate sour, is mixed at the bar ·* **HISTORY** *Opened in 2011 ·* **X-FACTOR** *The Zen-style spa*

PATAGONIEN PUR

Die drei Torres del Paine („Türme des blauen Himmels") sind das Wahrzeichen des gleichnamigen Nationalparks im Süden Chiles. Granitgrau stehen sie da, spitz wie Nadeln und Respekt einflößend. Scheinbar ungerührt überblicken sie eine raue Landschaft aus Bergen, Gletschern, Seen sowie kargen Ebenen: Patagonien. Seit Ferdinand Magellan diese Region am gefühlten Ende der Welt 1520 entdeckte, steht sie auf der Wunschliste von Forschern, Abenteurern und Naturliebhabern. Wohnen können sie heute hier alle im Tierra Patagonia, das die preisgekrönte chilenische Architektin Cazú Zegers am Ufer des Sarmiento-Sees entworfen hat. Flach, lang gezogen und leicht geschwungen liegt das ungewöhnliche Gebäude da – an ein Fossil soll seine Form erinnern, ein prähistorisches Tier, das an den Strand gespült wurde. Das lokale Lengaholz, mit dem die Hotelfassade vertäfelt ist, ändert im Lauf der Jahre bedingt durch Wind und Wetter seine Farbe und bekommt eine leicht silbrige Patina, die sich der vom Eis geprägten Umgebung anpasst. Auch im Inneren des Hauses dominiert Holz, verkleidet Böden und Wände oder dient in Form von Treibholz als Dekoration. Fast ebenso großzügig setzte die Architektin Glas ein – aus den oft raumhohen Fenstern der Zimmer, des Restaurants und selbst des Innenpools hat man einen Bilderbuchblick auf den See und die Berge. Erkunden kann man die Umgebung bei erstklassigen geführten Touren, die das Hotel anbietet. Zur Auswahl steht natürlich auch eine Wanderung zu den Torres del Paine, für die allerdings etwas bergsteigerisches Geschick und gute Kondition nötig sind.
◆ Buchtipp: „In Patagonien" von Bruce Chatwin

ANREISE *1,5 Fahrtstunden vom Flughafen Puerto Natales (nur in der Hochsaison geöffnet) und 4,5 Fahrtstunden vom Flughafen Punta Arenas entfernt* · **PREISE** *$$$$, inkl. Transfers, Vollpension (ohne alkoholische Getränke), 2 Halbtagstouren oder 1 Ganztagsausflug; Mindestaufenthalt 3 Nächte* · **ZIMMER** *40 Zimmer und Suiten* · **KÜCHE** *Innovative patagonische Küche mit herrlicher Aussicht vom Restaurant. An der Bar wird die Spezialität des Hauses, der Calafate Sour, serviert* · **GESCHICHTE** *2011 eröffnet* · **X-FAKTOR** *Das Spa im Zen-Stil*

LA PATAGONIE À L'ÉTAT PUR

Les trois Torres del Paine (« tours du ciel bleu »), des pics de granite gris pointus comme des aiguilles, sont l'emblème du parc national du même nom, au sud du Chili. Imposant le respect, apparemment impassibles, elles dominent un paysage rude de montagnes, de glaciers, de lacs et de plaines arides : la Patagonie. Cette région du bout du monde figure sur la liste des explorateurs, des aventuriers et des amoureux de la nature depuis que Ferdinand Magellan l'a découverte, en 1520. Aujourd'hui, ils peuvent tous séjourner au Tierra Patagonia, conçu par l'architecte chilienne primée Cazú Zegers sur les rives du lac Sarmiento, un insolite bâtiment plat, allongé et légèrement incurvé – sa forme est censée évoquer un fossile, un animal préhistorique échoué sur la plage. Le bois de lenga local qui revêt l'hôtel change de couleur au fil des ans en raison du vent et des intempéries et acquiert une patine légèrement argentée qui s'adapte à l'environnement marqué par la glace. Le bois domine également les intérieurs, sous forme de parquets et de lambris, ou de bois flotté purement décoratif. L'architecte a utilisé le verre avec presque autant de générosité – les fenêtres des chambres, du restaurant et même de la piscine intérieure, souvent à hauteur de plafond, offrent une vue imprenable sur le lac et les montagnes. L'hôtel propose des visites guidées de qualité pour explorer les environs. Il est bien sûr possible de faire une randonnée jusqu'aux Torres del Paine, cela nécessite toutefois une expérience de l'escalade et une bonne condition physique. ◆ À lire : « En Patagonie » de Bruce Chatwin

ACCÈS *À 1,5 h de route de l'aéroport de Puerto Natales (ouvert uniquement en haute saison) et à 4,5 h de route de l'aéroport de Punta Arenas* · **PRIX** *$$$$, transferts, pension complète (sans boissons alcoolisées), 2 excursions d'une demi-journée ou 1 excursion d'une journée inclus; séjour minimum de 3 nuits* · **CHAMBRES** *40 chambres et suites* · **RESTAURATION** *Cuisine patagonienne innovante servie dans le restaurant qui offre une vue magnifique. La spécialité de la maison, le Calafate Sour, est servie au bar* · **HISTOIRE** *Ouvert en 2011* · **LES « PLUS »** *Le spa au style zen*

MARI MARI NATURAL RESERVE

PATAGONIA

MARI MARI NATURAL RESERVE

Hacienda Parga s/n, Los Muermos, Los Lagos, Chile
Tel. +56 9 5045 6652 · manuel@hotelmarimari.com
hotelmarimari.com

A PANORAMIC VIEW OF THE PACIFIC

This remote region in the north of Patagonia became world-famous in the 1970s, when the Monte Verde archaeological site with its surprisingly well-preserved remains of a prehistoric settlement were discovered. On terrain that had been conserved by bog, the investigating team found traces of tents, hearths, wooden and stone tools, particles of leather, and even human footprints. This excavation suggested that the first human settlement of the Americas began at least 1,000 years earlier than had previously been assumed. The region not only has a wealth of history, however, but also stunning scenery: the dramatic coast, above all, is a unique natural spectacle of green hills, jagged rocks, and the often tempestuous Pacific, inhabited by sea lions, dolphins, and even whales. Here, in a picture-postcard bay, stands the Mari Mari, whose name is a greeting in the Mapudungun language, inviting visitors not merely to a house but at the same time to a family or community. This matches the private atmosphere in the luxurious beach villas with panoramic views, where the personal and discreet service is greatly valued, even by guests from royal dynasties. A driver and guide are fixtures among the staff in every lodge, ensuring a tailored, exclusive and yet down-to-earth vacation program almost round the clock. Whether they wish to rise early and go out to sea for whale watching, ride a horse along the waterside at midday, or spot birds in the afternoon – everything that nature, the weather, and the guests' level of fitness allow is made possible in an instant. The nature reserve has around 25 miles of hiking trails and 13 miles of coastline. Those who desire to fly over Monte Verde and learn more about this place can do so by helicopter. ◆ Book to pack: "By Night in Chile" by Roberto Bolaño

DIRECTIONS *The drive to the international airport of Puerto Montt takes 1 hour 20 minutes, transfer by helicopter 20 minutes* · **RATES** *$$$$, all inclusive; minimum stay 2 nights* · **ROOMS** *6 lodges, each with 2–5 bedrooms* · **FOOD** *The restaurant in the main house serves excellent Chilean specialties made from local products and wines to accompany them. Guests can also use the kitchen in their own lodge or book a private chef* · **HISTORY** *A U.S. company acquired what was previously the Cliffs Preserve in 2018 and converted it into today's 5-star Mari Mari resort* · **X-FACTOR** *A dream hotel in a dream location*

PANORAMABLICK AUF DEN PAZIFIK

In aller Welt berühmt wurde diese abgelegene Region im Norden Patagoniens in den 1970ern, als hier die archäologische Stätte Monte Verde mit überraschend gut erhaltenen Überresten einer prähistorischen Siedlung entdeckt wurde. Wissenschaftler fanden auf dem durch ein Moor konserviertem Gelände Hinweise auf Zelte, Feuerstellen, Werkzeuge aus Holz und Stein, Lederpartikel und sogar menschliche Fußabdrücke. Diese Ausgrabungen legten nahe, dass die erste menschliche Besiedlung Amerikas mindestens 1000 Jahre früher stattgefunden hatte, als bis dahin angenommen. Doch die Gegend ist nicht nur reich an Geschichte, sie bietet auch eine traumhafte Landschaft: Vor allem die dramatische Küste ist ein einmaliges Naturschauspiel mit grünen Hügeln, zerklüfteten Felsen und einem oft temperamentvollen Pazifik, in dem Seelöwen, Delfine und sogar Wale leben. In einer Bilderbuchbucht steht hier das Mari Mari, dessen Name ein Willkommensgruß aus der Mapudungun-Sprache ist und Fremde nicht nur in ein Haus, sondern zugleich in eine Familie oder Gemeinschaft einlädt. Dementsprechend privat ist die Atmosphäre in den luxuriösen Strandvillen mit Panoramablick, deren persönlicher und diskreter Service selbst von Gästen aus Königshäusern hochgeschätzt wird. Ein Fahrer und Guide gehören in jeder Lodge zum festen Personal und kümmern sich nahezu rund um die Uhr um ein maßgeschneidertes, exklusives und dennoch bodenständiges Ferienprogramm. Ob man in aller Frühe zum Whalewatching aufs Meer hinausfahren, mittags am Wasser entlangreiten oder nachmittags Vögel beobachten will – alles, was Natur, Wetter und Kondition zulassen, wird im Handumdrehen möglich gemacht. Das Naturreservat bietet rund 40 Kilometer Wanderwege und 21 Kilometer Küstenlinie an. Und wer möchte, kann im Helikopter auch über das nahe Monte Verde fliegen und mehr über den Ort erfahren. ◆ Buchtipp: „Chilenisches Nachtstück" von Roberto Bolaño

ANREISE *Zum internationalen Flughafen von Puerto Montt fährt man 1 Std. 20 min, der Helikoptertransfer dauert 20 min* · **PREISE** *$$$$, all inclusive; Mindestaufenthalt 2 Nächte* · **ZIMMER** *6 Lodges mit je 2–5 Schlafzimmern* · **KÜCHE** *Das Restaurant im Haupthaus serviert ausgezeichnete chilenische Spezialitäten aus lokalen Produkten und passende Weine. Gäste können auch die Küche der eigenen Lodge nutzen oder einen Privatkoch buchen* · **GESCHICHTE** *Ein US-Unternehmen erwarb das ehemalige Cliffs Preserve 2018 und verwandelte es ins heutige 5-Sterne-Resort Mari Mari* · **X-FAKTOR** *Ein Traumhotel in einer Traumlage*

UNE VUE PANORAMIQUE SUR L'OCÉAN PACIFIQUE

Cette région isolée du nord de la Patagonie est devenue célèbre dans le monde entier dans les années 1970, lorsque le site archéologique de Monte Verde, avec les vestiges étonnamment bien conservés d'une colonie préhistorique, y a été découvert. Sur le terrain préservé par une tourbière, les scientifiques ont trouvé des indices de tentes, de foyers, d'outils en bois et en pierre, des particules de cuir et même des empreintes de pas humains. Ce qui semble indiquer que la première colonisation humaine en Amérique a eu lieu au moins 1 000 ans plus tôt que ce que l'on pensait jusque-là. Mais au-delà de sa riche histoire, la région offre un paysage à couper le souffle, et en particulier la côte sauvage, spectacle naturel unique avec ses collines verdoyantes, ses rochers déchiquetés et l'océan Pacifique souvent impétueux, où s'ébattent des lions de mer, des dauphins et même des baleines. C'est ici, dans une baie sortie tout droit d'un livre d'images, que se trouve le Mari Mari – son nom est un salut de bienvenue dans la langue mapudungun – qui accueille les étrangers non seulement dans une maison, mais aussi dans une famille ou une communauté. L'atmosphère est donc privée dans les luxueuses villas de plage dotées d'une vue panoramique, dont le service personnel et discret est très apprécié, même par les hôtes issus des maisons royales. Un chauffeur et un guide font partie du personnel permanent de chaque lodge et s'occupent presque 24 heures sur 24 d'un programme de vacances sur mesure, exclusif et pourtant très concret. Que l'on veuille sortir en mer à l'aube pour observer les baleines, se promener à cheval au bord de l'eau à midi ou observer les oiseaux l'après-midi : tout ce que la nature, le type de temps et la condition physique permettent de faire est possible en un rien de temps. La réserve naturelle offre environ 40 kilomètres de sentiers de randonnée et 21 kilomètres de littoral. Et ceux qui le souhaitent peuvent également survoler en hélicoptère le Monte Verde tout proche pour en apprendre davantage sur le site. ◆ À lire : « Nocturne du Chili » de Roberto Bolaño

ACCÈS *L'aéroport international de Puerto Montt est à 1 h 20 de route, le transfert en hélicoptère dure 20 min* · **PRIX** *$$$$, all-inclusive; séjour minimum de 2 nuits* · **CHAMBRES** *6 lodges de 2 à 5 chambres chacun* · **RESTAURATION** *Le restaurant de la maison principale sert d'excellentes spécialités chiliennes à base de produits locaux et les vins adaptés. Les hôtes peuvent aussi utiliser la cuisine de leur lodge ou réserver les services d'un cuisinier privé* · **HISTOIRE** *Une entreprise américaine a racheté l'ancienne Cliffs Preserve en 2018 et l'a transformée en un complexe hôtelier cinq étoiles, le Mari Mari* · **LES « PLUS »** *Un hôtel de rêve dans un endroit de rêve*

HOTEL ANTUMALAL

PUCÓN, ARAUCANÍA

HOTEL ANTUMALAL

Camino Pucón a Villarrica, Km 2, Pucón, Araucanía, Chile
Tel. +56 45 2441 011 & +56 45 2441 012 · info@antumalal.com
antumalal.com

A STYLISH ADDRESS

It was 1938, and Guillermo Pollak had come from Prague to Pucón with his wife Catalina – a young couple fleeing from the approach of World War II, full of dreams about leading a peaceful life in Chile. Their first project in their new homeland was a tea shop, where Catalina and her mother baked cakes according to traditional Czech recipes. When the president of Chile came in person one day, Guillermo screwed up his courage and asked the head of state for approval of a loan to build a hotel. He got the money, and in cooperation with the Chilean architect Jorge Elton designed what was then, as today, one of the most remarkable hotels in the country. Inspired by the Bauhaus style and the works of Frank Lloyd Wright, they built the Antumalal ("sunny court" in the Mapuche language). The outstanding architecture and picture-postcard view of the magnificent park, Lake Villarrica, and the mountains has been admired by Queen Elizabeth II, Neil Armstrong, and Isabel Allende. In the course of the years, the main building with its panorama rooms and suites has been extended by adding cozy chalets, and in 2010 a spectacular spa with a pool and outsized open fireplace were installed. It is also well worth visiting the restaurant, where the dishes have always been prepared according to European and South American recipes, and fine Chilean wines from the hotel's own cellar are served. ◆ Book to pack: "The Complete Memoirs" by Pablo Neruda

DIRECTIONS *Situated 2 km/just over 1 mile from Pucón on 5 hectares/ 12.5 acres of land. The drive to La Araucanía international airport (Temuca) takes a little over 1.5 hours* · **RATES** *$$$–$$$$* · **ROOMS** *12 rooms, 1 suite, 2 family suites for up to 4 guests, 4 chalets for up to 6 guests* · **FOOD** *After a meal in the restaurant with its viewing terrace, guests can take a digestif in the wood-paneled bar "Don Guillermo" with its open fire* · **HISTORY** *Opened in 1950* · **X-FACTOR** *Unique architecture, a unique view*

ADRESSE MIT STIL

Es war im Jahr 1938, als Guillermo Pollak und seine Frau Catalina aus Prag nach Pucón kamen – ein junges Ehepaar auf der Flucht vor dem nahenden Zweiten Weltkrieg und voller Träume von einem friedlichen Leben in Chile. Ihr erstes Projekt in der neuen Heimat war ein Teesalon, in dem Catalina und ihre Mutter Kuchen und Torten nach traditionellen tschechischen Rezepten backten. Als eines Tages der chilenische Präsident persönlich zu Gast war, fasste sich Guillermo ein Herz und bat den Staatschef um die Bewilligung eines Darlehens, um ein Hotel bauen zu können. Er bekam das Geld und entwarf gemeinsam mit dem einheimischen Architekten Jorge Elton eines der damals wie heute ungewöhnlichsten Hotels des Landes. Inspiriert vom Bauhausstil sowie den Werken Frank Lloyd Wrights entstand das Antumalal („Sonnenhof" in der Sprache der Mapuche). Die besondere Architektur und den postkartentauglichen Blick über den prachtvollen Park, den Villarrica-See sowie die Berge bewunderten schon Queen Elizabeth II., Neil Armstrong und Isabel Allende. Im Lauf der Zeit wurde das Haupthaus mit Panoramazimmern und -suiten um heimelige Chalets ergänzt, und 2010 entstand ein spektakuläres Spa mit Pool und überdimensionalem offenem Kamin. Mehr als einen Besuch wert ist auch das Restaurant, in dem seit jeher nach europäischen und südamerikanischen Rezepten gekocht wird und feine chilenische Weine aus dem hauseigenen Keller serviert werden. ◆ Buchtipp: „Ich bekenne, ich habe gelebt" von Pablo Neruda

ANREISE *Auf einem 5 Hektar großen Gelände gelegen, 2 km von Pucón entfernt. Zum internationalen Flughafen La Araucanía (Temuca) sind es gut 1,5 Fahrtstunden* · **PREISE** *$$$–$$$$* · **ZIMMER** *12 Zimmer, 1 Suite, 2 Familiensuiten für bis zu 4 Personen, 4 Chalets für bis zu 6 Personen* · **KÜCHE** *Nach dem Essen im Restaurant mit Aussichtsterrasse kann man in der holzgetäfelten Kaminbar „Don Guillermo" einen Absacker nehmen* · **GESCHICHTE** *1950 eröffnet* · **X-FAKTOR** *Einzigartige Architektur, einzigartige Aussicht*

ARCHITECTURE DE STYLE

C'est en 1938 que Guillermo Pollak et sa femme Catalina ont quitté Prague pour Pucón, fuyant l'imminence de la Seconde Guerre mondiale et rêvant d'une vie paisible au Chili. Dans leur nouvelle patrie, ils ont tout d'abord ouvert un salon de thé où l'on servait des pâtisseries préparées par Catalina et sa mère selon des recettes traditionnelles tchèques. Un jour, alors que le président chilien en personne était présent, Guillermo a pris son courage à deux mains et a demandé au chef d'État d'approuver un prêt pour pouvoir construire un hôtel. Après avoir obtenu les fonds, il a conçu, en collaboration avec l'architecte local Jorge Elton, l'un des hôtels les plus insolites du pays à l'époque – et qui l'est resté. C'est ainsi que l'Antumalal (« cour du soleil » en langue Mapuche) a vu le jour, inspiré par le style Bauhaus ainsi que par les œuvres de Frank Lloyd Wright. La reine Elizabeth II, Neil Armstrong et Isabel Allende ont admiré son architecture particulière et la vue somptueuse sur le magnifique parc, le lac Villarrica et les montagnes. Au fil du temps, la maison principale avec ses chambres et suites panoramiques a été complétée par des chalets confortables et intimes, et en 2010, un spa spectaculaire avec piscine et cheminée surdimensionnée a été créé. Le restaurant, où l'on propose depuis toujours des plats de la cuisine européenne et sud-américaine accompagnés de bons vins chiliens issus de la cave de l'établissement, vaut lui aussi le détour. ◆ À lire : « J'avoue que j'ai vécu » de Pablo Neruda

ACCÈS *Situé sur un terrain de 5 hectares à 2 km de Pucón. L'aéroport international de La Araucanía (Temuca) est à une bonne 1,5 h de route* · **PRIX** *$$$–$$$$* · **CHAMBRES** *12 chambres, 1 suite, 2 suites familiales pouvant abriter jusqu'à 4 personnes, 4 chalets jusqu'à 6 personnes* · **RESTAURATION** *Après le repas pris dans le restaurant doté d'une terrasse panoramique, on peut boire un dernier verre dans le bar lambrissé « Don Guillermo » agrémenté d'une superbe cheminée* · **HISTOIRE** *Ouvert en 1950* · **LES « PLUS »** *Une architecture unique, une vue unique*

HOTEL CASA REAL

BUIN, METROPOLITANA DE SANTIAGO

HOTEL CASA REAL

Viña Santa Rita, Camino Padre Hurtado 0695, Buin, Metropolitana de Santiago, Chile
Tel. +56 2 2362 2555 · recepcionhotel@santarita.cl
santarita.com

ON A WINE ESTATE

Domingo Fernández Concha was a Chilean with a soft spot for Europe. When he established the Santa Rita winery south of Santiago in 1880, he wanted to make the best wine and create the most beautiful estate in the country. He spared no expense or effort to bring in the most famous vines, the latest equipment, and the most experienced wine makers from France. He also placed the park around the estate mansion in the hands of a Frenchman: the renowned landscape gardener Guillaume Renner added an English or Italian touch here and there to the great French art of garden design, a practice that was highly fashionable at the time. The mansion itself was the work of the German architect Theodor Burchard, who made it into a luxurious country seat with an imposing outdoor flight of steps, a colonnaded terrace, and even a private chapel with superb murals. Inside the house, he made extravagant use of richly adorned wooden ceilings and crystal chandeliers, gold-framed mirrors and exquisite works of art, precious antiques, and opulent fabrics. This whole glamorous setting can still be appreciated today, as the estate has been a hotel since the mid-1990s, inviting its guests to take a trip back into the past. Part of this is a meal in the gourmet restaurant "Doña Paula," dedicated to a patriot named Paula Jaraquemada – she once allowed 120 fighters for Chilean independence to take refuge in her home after a battle against Spanish forces. The restaurant serves outstanding national cuisine, accompanied by wines made on the estate. The very best vintages bear the number 120 in their name, paying homage to Doña Paula's story. ◆ Book to pack and film to watch: "The House of the Spirits" by Isabel Allende, filmed in 1993 by Bille August, starring Meryl Streep and Jeremy Irons

DIRECTIONS *In a well-maintained 40-hectare/100-acre park, just under 1 hour by car from Santiago international airport* · **RATES** *$$$$* · **ROOMS** *16 rooms and suites* · **FOOD** *"Doña Paula" was voted one of the best winery restaurants in Chile in 2019 by "Guía 100"* · **HISTORY** *The estate, park, and mansion date from the late nineteenth century* · **X-FACTOR** *The pool, in a pretty location at the heart of the park*

AUF EINEM WEINGUT

Der Chilene Domingo Fernández Concha hatte eine Schwäche für Europa. Als er 1880 das Weingut Santa Rita südlich von Santiago gründete, wollte er den besten Wein und das schönste Anwesen des Landes erschaffen. Er scheute weder Kosten noch Mühe, um die berühmtesten Rebstöcke, das neueste Inventar und die erfahrensten Winzer aus Frankreich kommen zu lassen. Auch den Park rund um das Gutshaus legte er in die Hände eines Franzosen: Der renommierte Landschaftsdesigner Guillaume Renner verlieh der großen französischen Gartenkunst hier und da einen italienischen oder englischen Touch, was damals sehr en vogue war. Das Anwesen selbst entwarf der deutsche Architekt Theodor Burchard. Er machte es zu einem Landsitz de luxe mit imposanter Freitreppe, säulenbestückter Terrasse und sogar einer Privatkapelle mit prachtvollen Wandmalereien. Im Inneren des Hauses arbeitete er verschwenderisch mit reich verzierten Holzdecken und Kristalllüstern, goldgerahmten Spiegeln und exquisiten Kunstwerken, wertvollen Antiquitäten und opulenten Stoffen. All dieses glamouröse Flair kann man noch heute genießen, denn der Besitz ist seit Mitte der 1990er-Jahre ein Hotel und lädt seine Gäste zu einer Reise in die Vergangenheit ein. Dazu gehört auch ein Essen im Gourmetrestaurant „Doña Paula", das der Patriotin Paula Jaraquemada gewidmet ist – sie gewährte einst 120 chilenischen Unabhängigkeitskämpfern nach einer Schlacht gegen die Spanier Unterschlupf in ihrem Haus. Das Lokal serviert zu hervorragender nationaler Küche Weine aus eigenem Anbau, wobei die erlesensten Tropfen als Hommage an die Geschichte die Zahl 120 im Namen tragen. ◆ Buch- und Filmtipp: „Das Geisterhaus" von Isabel Allende, 1993 verfilmt von Bille August, mit Meryl Streep und Jeremy Irons

ANREISE *In einem gepflegten 40 Hektar großen Park gelegen, knapp 1 Fahrtstunde vom internationalen Flughafen von Santiago entfernt* · **PREISE** *$$$$* · **ZIMMER** *16 Zimmer und Suiten* · **KÜCHE** *Das „Doña Paula" wurde 2019 vom „Guía 100" als eines der besten Weingutrestaurants in Chile bezeichnet* · **GESCHICHTE** *Gut, Park und Landsitz entstanden Ende des 19. Jahrhunderts* · **X-FAKTOR** *Der Pool, der malerisch mitten im Park liegt*

CHEZ LES VIGNERONS

Le Chilien Domingo Fernández Concha avait un faible pour l'Europe. Lorsqu'il a fondé le domaine viticole Santa Rita au sud de Santiago en 1880, il voulait créer le meilleur vin et la plus belle propriété du pays. Il n'a pas lésiné sur les moyens pour faire venir de France les cépages les plus renommés, l'équipement le plus récent et les viticulteurs les plus expérimentés. Il a également confié le parc entourant le manoir à un Français, le célèbre paysagiste Guillaume Renner, qui a ajouté ici et là une touche italienne ou anglaise au grand art des jardins à la française, ce qui était très en vogue à l'époque. La propriété elle-même a été conçue par l'architecte allemand Theodor Burchard qui en fit une résidence de campagne luxueuse dotée d'un perron imposant, d'une terrasse à colonnade et même d'une chapelle privée ornée de magnifiques peintures murales. À l'intérieur de la maison, il a fait preuve de prodigalité : plafonds en bois richement décorés et lustres en cristal, miroirs encadrés d'or et œuvres d'art exquises, antiquités de prix et étoffes somptueuses. Cette ambiance glamour peut encore être appréciée de nos jours, car la propriété, transformée en hôtel au milieu des années 1990, invite ses hôtes à voyager dans le passé. Ce qui implique un repas au restaurant gastronomique « Doña Paula », dédié à la patriote Paula Jaraquemada, qui a jadis accueilli chez elle 120 patriotes chiliens après leur défaite contre les Espagnols. L'établissement sert d'excellents plats de la cuisine chilienne accompagnés de vins produits sur place – les noms des meilleurs crus comportent le chiffre 120, en hommage à doña Paula. ◆ À lire et à voir : « La maison aux esprits » d'Isabel Allende, adapté en 1993 au cinéma par Bille August, avec Meryl Streep et Jeremy Irons

ACCÈS *Situé dans un parc de 40 hectares bien entretenu, à moins d'une heure de route de l'aéroport international de Santiago* · **PRIX** *$$$$* · **CHAMBRES** *16 chambres et suites* · **RESTAURATION** *En 2019, « Doña Paula » a été désignée l'un des meilleurs restaurants de vignerons du Chili par « Guía 100 »* · **HISTOIRE** *Le domaine viticole, le parc et la maison ont vu le jour à la fin du XIXᵉ siècle* · **LES « PLUS »** *La piscine, située de manière originale au milieu du parc*

HOTEL LAS MAJADAS

PIRQUE, METROPOLITANA DE SANTIAGO

HOTEL LAS MAJADAS

José Julio Nieto s/n, Loteo Parque Las Majadas, Pirque, Metropolitana de Santiago, Chile
Tel. +56 2 2330 4910 · reservas@lasmajadas.cl
lasmajadas.cl

A PALACE AND PARK

Pirque has long been regarded as a little paradise. Situated in the south of Santiago, sheltered by the Andes and with plentiful water from rivers, for centuries this region has attracted wealthy Chileans who have their vineyards and summer residences here. One of these estates is Las Majadas, a hacienda where rich families once spent vacations, inviting their guests to celebrations and concerts, giving receptions to presidents and princes. The main house, a pretty Tudor-style palace, was designed in the early twentieth century by the Chilean architect Alberto Cruz Montt. For the twenty-acre park, the owners even brought the landscape gardener Guillaume Renner all the way from France. Today the palace and park are restored and maintained to perfection, and a hotel has been added: the Chilean architectural practice Lyon Bosch designed a low building, 656 feet long and 33 feet wide, extending unobtrusively through green surroundings, partly built from wood felled in the park and furnished in modern, minimalistic fashion. The owners have turned the small historic mansion into one of the foremost centers for meetings and conferences in Chile. Guests who have not come for a congress can take part in cookery courses, book hiking or horseback trips through the Andes, pay a visit to neighboring wine farmers or learn more about the history of Las Majadas and Pirque on a guided tour of the estate. ◆ Book to pack: "Selected Poems of Gabriela Mistral"

DIRECTIONS *50 minutes' drive southeast of Santiago de Chile airport ·* **RATES** *$$–$$$ ·* **ROOMS** *50 rooms, all with a view of the park ·* **FOOD** *The "Sequoia" restaurant serves seasonal and regional dishes and wines. There is also a tavern and a bar ·* **HISTORY** *Opened in its present form in 2016 ·* **X-FACTOR** *The wonderful park with about 1,000 trees – including indigenous species such as the monkey puzzle as well as exotic specimens like the cedar of Lebanon*

PALAST UND PARK

Pirque gilt seit jeher als kleines Paradies. Im Süden von Santiago gelegen, geschützt von den Anden und von Flüssen mit Wasser versorgt, zieht die Region schon seit Jahrhunderten wohlhabende Chilenen an, die hier ihre Weingüter und Sommersitze haben. Eines dieser Anwesen ist Las Majadas: Auf der Hazienda verbrachten einst reiche Familien ihre Ferien, luden zu Festen und Konzerten ein, empfingen Präsidenten und Prinzen. Das Haupthaus, ein hübscher Palast im Tudorstil, entwarf Anfang des 20. Jahrhunderts der chilenische Architekt Alberto Cruz Montt, und für die Gestaltung des acht Hektar großen Parks verpflichteten die Besitzer sogar den Landschaftsdesigner Guillaume Renner aus dem fernen Frankreich. Palast und Park präsentieren sich heute perfekt restauriert und gepflegt und wurden um ein Hotel ergänzt: Das chilenische Architekturbüro Lyon Bosch konzipierte einen 200 Meter langen und zehn Meter breiten Flachbau, der sich dezent durchs Grün zieht, teilweise mit ausgeforstetem Holz aus dem Park erbaut und modern-minimalistisch eingerichtet wurde. Aus dem historischen Schlösschen haben die Eigentümer eines der führenden Begegnungs- und Konferenzzentren Chiles gemacht. Wer nicht zu einer Tagung anreist, kann an Kochkursen teilnehmen, Wanderungen oder Ausritte durch die Anden buchen, benachbarten Winzern einen Besuch abstatten oder bei einem geführten Rundgang über das Gelände mehr über die Geschichte von Las Majadas und Pirque erfahren. ♦ Buchtipp: „Gedichte" von Gabriela Mistral

ANREISE *50 Fahrtminuten südöstlich des Flughafens von Santiago de Chile gelegen* · **PREISE** *$$–$$$* · **ZIMMER** *50 Zimmer, alle mit Parkblick* · **KÜCHE** *Das Restaurant „Sequoia" serviert saisonale regionale Gerichte und Weine. Zudem gibt es eine Taverne und eine Bar* · **GESCHICHTE** *2016 in heutiger Form eröffnet* · **X-FAKTOR** *Der herrliche Park mit rund 1000 Bäumen – unter ihnen einheimische Arten wie die Andentanne, aber auch exotische Gewächse wie Libanon-Zedern*

PALAIS ET PARC

Pirque est depuis toujours considérée comme un petit paradis. Située au sud de Santiago, sous la protection des Andes, irriguée par plusieurs rivières, la région a accueilli des générations de Chiliens riches, qui y installèrent vignobles et résidences d'été. Las Majadas fait partie de ces haciendas où les familles aisées passaient autrefois leurs vacances et invitaient leurs amis, parmi lesquels des présidents et des princes, pour des fêtes d'anthologie ou des concerts. La maison principale, un joli palais de style Tudor, a été conçue par l'architecte chilien Alberto Cruz Montt au début du XXᵉ siècle et les propriétaires ont fait venir le paysagiste Guillaume Renner de la lointaine France pour concevoir le parc de huit hectares. Aujourd'hui, le palais parfaitement restauré et ses abords entretenus avec grand soin se sont adjoint un hôtel : le cabinet d'architecture chilien Lyon Bosch a conçu un bâtiment bas de 200 mètres de long sur dix mètres de large, qui s'étire discrètement dans la verdure. En partie construit avec le bois du domaine, il est résolument moderne et minimaliste. Le château historique a quant à lui été transformé en centre de conférences, un des plus importants du pays. Ceux qui n'y viennent pas pour un congrès pourront prendre des cours de cuisine, participer à des randonnées à pied ou à des promenades à cheval dans les Andes, rendre visite aux vignerons voisins ou en apprendre davantage sur l'histoire de Las Majadas et de Pirque lors d'une visite guidée du site. ♦ À lire : « Poèmes » de Gabriela Mistral

ACCÈS *Situé à 50 min de route au sud-est de l'aéroport de Santiago du Chili* · **PRIX** *$$–$$$* · **CHAMBRES** *50 chambres, toutes avec vue sur le parc* · **RESTAURATION** *Le restaurant «Sequoia» sert un menu local et de saison, tant pour les mets que pour les vins. L'hôtel compte aussi une taverne et un bar* · **HISTOIRE** *A ouvert sous sa forme actuelle en 2016* · **LES « PLUS »** *Le magnifique parc et son millier d'arbres, parmi lesquels des essences locales comme l'araucaria, mais aussi exotiques comme le cèdre du Liban*

EXPLORA RAPA NUI

EASTER ISLAND

EXPLORA RAPA NUI

Te Miro Oone s/n, Hanga Roa, Easter Island, Chile
Tel. +56 2 2395 2800 · reserves@explora.com
explora.com

MYTHICAL

It is one of the most remote and mysterious islands in the world: Rapa Nui lies in the Pacific Ocean, some 2,300 miles from the coast of South America. In 1722 Dutch mariners discovered the island on Easter Sunday and named it Easter Island. Monumental stone sculptures, the so-called moai, with outsized heads and arms pressed close to the body, stand here in what used to be the sites of a cult. They are silent witnesses to an ancient culture that is still puzzling to researchers. The Chilean architect José Cruz Ovalle, too, carried out intensive research when he designed this hotel and took inspiration from the history of Rapa Nui, from the known, and the unknown. The stone plinth beneath the buildings resembles the platforms on which the moai majestically stand, here known as ahu. The architect employed some 100 local artisans to build this plinth in the traditional way. The rounded shapes of the buildings are a continuation of this idea, and the supports of the wooden structure are a stylized interpretation of the moai, standing side by side and rising to the sky. Wood and stone are also dominant inside the lodge, where no superfluous materials or accessories disturb the calm environment or distract from the view. Every single room of the house has a view of the Pacific. Visitors get to know the coast and the back country with the help of expert guides. They can, for example, take a hike to the Rano Raraku volcano, where the stone sculptures were once carved, or decipher the petroglyphs of Papa Vaka, or admire the Ahu Tongariki, where no fewer than 15 moai watch over the island.
◆ Film to watch: "Rapa-Nui" (1994), produced by Kevin Costner

DIRECTIONS *Easter Island is reached from Santiago or Tahiti by air with a flight time of about 5 hours. The hotel on the south-east coast of Rapa Nui is 15 minutes' drive from the airport* · **RATES** *$$$$, including transfers, full board, and excursions; minimum stay 3 nights* · **ROOMS** *30 rooms and suites* · **FOOD** *Lots of fish and seafood, plus typical specialties like curanto stew with fish and meat, as well as Chilean wines* · **HISTORY** *Opened in 2007, the first luxury hotel on the island* · **X-FACTOR** *Insights into a unique culture*

EIN MYTHOS

Sie ist eine der abgelegensten und geheimnisvollsten Inseln der Welt: Rapa Nui liegt rund 3700 Kilometer von der Küste Südamerikas entfernt im Pazifik. 1722 entdeckten holländische Seefahrer die Insel am Ostersonntag und nannten sie Osterinsel. Hier stehen an einstigen Kultstätten die sogenannten Moai, monumentale Steinskulpturen mit überdimensionalen Köpfen und eng an den Leib gepressten Armen. Sie sind stumme Zeugen einer alten Kultur, die Wissenschaftlern noch immer Rätsel aufgibt. Auch der chilenische Architekt José Cruz Ovalle recherchierte intensiv, als er dieses Hotel entwarf, und ließ sich von Rapa Nuis Geschichte, dem Bekannten und Unbekannten, inspirieren. Die steinerne Basis unter den Gebäuden ähnelt der Plattform, auf der die Moai thronen und die man hier Ahu nennt. Diese ließ der Architekt von rund 100 lokalen Handwerkern nach traditioneller Art errichten. Die runden Formen der Bauten führen diesen Gedanken weiter, und die Streben des hölzernen Aufbaus stilisieren die Moai, wie sie Seite an Seite stehen und in den Himmel ragen. Holz und Stein dominieren auch im Inneren der Lodge, wo kein überflüssiges Material oder Accessoire das ruhige Ambiente stört oder von der Aussicht ablenkt. Wirklich jedes Zimmer des Hauses blickt auf den Pazifik. Küste und Hinterland lernt man mithilfe versierter Reiseführer kennen, so kann man beispielsweise zum Vulkan Rano Raraku wandern, wo die Steinskulpturen einst gemeißelt wurden, die Petroglyphen von Papa Vaka entziffern oder den Ahu Tongariki bestaunen, wo gleich 15 Moai über die Insel wachen. ◆ Filmtipp: „Rapa Nui – Rebellion im Paradies" (1994), produziert von Kevin Costner

ANREISE *Man erreicht die Osterinsel von Santiago oder Tahiti aus, der Flug dauert ca. 5 Std. Das Hotel an der Südostküste von Rapa Nui ist 15 Fahrtminuten vom Flughafen entfernt* · **PREISE** *$$$$, inkl. Transfers, Vollpension, Ausflüge; Mindestaufenthalt 3 Nächte* · **ZIMMER** *30 Zimmer und Suiten* · **KÜCHE** *Viel Fisch und Meeresfrüchte, dazu landestypische Spezialitäten wie der Eintopf Curanto mit Fisch und Fleisch sowie chilenische Weine* · **GESCHICHTE** *2007 als erstes Luxushotel auf der Insel eröffnet* · **X-FAKTOR** *Einblick in eine einzigartige Kultur*

UN MYTHE

C'est l'une des îles les plus isolées et les plus mystérieuses du monde : Rapa Nui est située dans l'océan Pacifique, à environ 3 700 kilomètres des côtes de l'Amérique du Sud. En 1722, des navigateurs hollandais l'ont découverte le dimanche de Pâques et l'ont appelée l'île de Pâques. On y trouve, sur d'anciens lieux de culte, ce que l'on appelle des moaï, des monolithes sculptés monumentaux aux têtes humaines surdimensionnées et aux bras serrés contre le corps. Les scientifiques n'ont pas percé tous les mystères de ces témoins muets d'une culture ancienne. L'architecte chilien José Cruz Ovalle a également fait des recherches approfondies lorsqu'il a conçu cet hôtel et s'est inspiré de l'histoire de Rapa Nui, de ce que l'on savait et de ce que l'on ignorait. La base en pierre, sous les bâtiments, ressemble au piédestal sur lequel trônent les moaï et que l'on appelle ici ahu. L'architecte a fait appel à une centaine d'artisans locaux pour la construire selon la méthode traditionnelle. Les formes arrondies des constructions prolongent cette idée, et les entretoises de la structure en bois stylisent les moaï tels qu'ils se dressent, côte à côte, vers le ciel. Le bois et la pierre dominent également à l'intérieur du lodge, où aucun matériau ou accessoire superflu ne vient perturber l'ambiance paisible ou détourner l'attention de la vue. Toutes les pièces de la maison donnent sur l'océan Pacifique. La côte et l'arrière-pays se découvrent avec l'aide de guides expérimentés. On peut par exemple faire une randonnée jusqu'au volcan Rano Raraku, où les sculptures en pierre ont été taillées autrefois, déchiffrer les pétroglyphes de Papa Vaka ou admirer l'ahu Tongariki, où pas moins de 15 moaï veillent sur l'île. ◆ À voir : « Rapa Nui » (1994), produit par Kevin Costner

ACCÈS *On accède à l'île de Pâques depuis Santiago ou Tahiti, il faut compter environ 5 h de vol. L'hôtel situé sur la côte sud-est de Rapa Nui se trouve à 15 min en voiture de l'aéroport* · **PRIX** *$$$$, transferts, pension complète, excursions inclus; séjour minimum de 3 nuits* · **CHAMBRES** *30 chambres et suites* · **RESTAURATION** *Beaucoup de poisson et de fruits de mer, ainsi que des spécialités typiques du pays comme le curanto, un ragoût de poisson et de viande, et des vins chiliens* · **HISTOIRE** *Premier hôtel de luxe sur l'île, ouvert en 2007* · **LES « PLUS »** *Un aperçu d'une culture unique en son genre*

TIERRA ATACAMA

ATACAMA DESERT

TIERRA ATACAMA

San Pedro de Atacama, Antofagasta, Chile
Tel. +56 2 6469 0518 · info@tierrahotels.com
tierrahotels.com

AN OASIS

The Atacama Desert in the north of Chile is the world's driest desert. Even Death Valley in California has higher rainfall. The Atacama presents a fantastic landscape of salt lakes and lagoons where pink flamingos stalk, geysers that spout hissing jets of water into the air, and volcanoes with craters where hikers can roam. The village of San Pedro de Atacama, at the edge of which this hotel was built, is considered the gateway to this desert. By using stone, clay, and wood, the Chilean architects Rodrigo Searle and Matías González have opted for the traditional building materials that are typical of the area. Steel and glass, as well as modern forms, add a contemporary touch. Tradition and fashionable design also blend in the rooms, which are decorated in subdued earthy colors and fitted with decorative items in a restrained style. The hand-woven fabrics and small llama figures made from volcanic stone are produced by local craft workers. The light, creative dishes in the restaurant are cooked according to recipes from northern Chile, and the Uma Spa, which takes its name from the Aymara word for water, offers treatments using local products such as sheep's milk, mud, and honey. Guests can explore the desert around the hotel on excursions with excellent guides. Depending on their wishes and level of fitness, a personal program is prepared, including mountain tours, bike trips, and horse riding, passing through valleys, uplands, and villages. One extra is not to be missed: as the night sky in the Atacama Desert is exceptionally clear, star-gazing there is a dramatic experience. ♦ Book to pack: "Clandestine in Chile" by Gabriel García Márquez

DIRECTIONS *On the edge of San Pedro de Atacama with a view of the Licancabur volcano. Transfer from the airport at Calama (regular flights to and from Santiago) takes about 1.5 hours and is organized for guests ·* **RATES** *$$$$, including airport transfer, full board (without alcoholic drinks), and 2 half-day trips or 1 full-day excursion; minimum stay 2 nights ·* **ROOMS** *32 rooms ·* **FOOD** *Modern Andean food in the restaurant with picture windows. The bar serves Chilean wines and pisco sour made to the hotel's own recipe ·* **HISTORY** *Opened in 2008 ·* **X-FACTOR** *The hotel operates as sustainably as possible, generating its own solar power*

EINE OASE

Die Atacamawüste im Norden Chiles ist die trockenste Wüste der Welt; selbst im kalifornischen Death Valley fällt mehr Regen als hier. Sie bietet eine fantastische Landschaft mit Salzseen und Lagunen, an denen rosa Flamingos herumstaksen, Geysiren, die Wasserfontänen in die Luft fauchen, sowie Canyons und Vulkanen, zu deren Kratern man wandern kann. Als Tor zur Wüste gilt das Dorf San Pedro de Atacama, an dessen Rand dieses Hotel entstand. Mit Stein, Lehm und Holz haben sich die chilenischen Architekten Rodrigo Searle und Matías González für althergebrachte und ortstypische Baumaterialien entschieden. Stahl und Glas sowie moderne Formen sorgen für einen zeitgenössischen Touch. Tradition und modisches Design verbinden sich auch in den Zimmern, die dezent in Erdtönen gehalten und unaufdringlich mit dekorativen Objekten ausgestattet sind. Die handgewebten Stoffe und kleinen Lamafiguren aus Vulkanstein stammen von Kunsthandwerkern aus der Umgebung. Im Restaurant wird nach nordchilenischen Rezepten leicht und kreativ gekocht, und das Uma Spa, das seinen Namen vom Aymara-Wort für „Wasser" bekam, pflegt mit lokalen Produkten wie Schafsmilch, Schlamm und Honig. Die Wüste rings um das Haus können die Gäste bei ausgezeichneten geführten Ausflügen entdecken. Ganz nach Wunsch und Kondition wird ein persönliches Programm zusammengestellt, das Bergtouren, Radfahrten und Ausritte umfasst und durch Täler, auf Berge oder in Dörfer führt. Ein Extra sollte man sich dabei nicht entgehen lassen: Der Nachthimmel über der Atacamawüste ist außergewöhnlich klar und ein Blick in die Sterne ganz großes Kino. ◆ Buchtipp: „Die Abenteuer des Miguel Littín" von Gabriel García Márquez

ANREISE *Am Rand von San Pedro de Atacama mit Blick auf den Vulkan Licancabur gelegen. Der Transfer vom Flughafen Calama (regelmäßige Verbindungen von und nach Santiago) dauert ca. 1,5 Std. und wird organisiert* · **PREISE** *$$$$, inkl. Flughafentransfer, Vollpension (ohne alkoholische Getränke) sowie 2 Halbtagsausflüge oder 1 Ganztagstour; Mindestaufenthalt 2 Nächte* · **ZIMMER** *32 Zimmer* · **KÜCHE** *Moderne Andenküche im Restaurant mit Panoramafenstern. An der Bar werden chilenische Weine und Pisco Sour nach hoteleigenem Rezept serviert* · **GESCHICHTE** *2008 eröffnet* · **X-FAKTOR** *Das Hotel arbeitet so nachhaltig wie möglich und produziert seine eigene Solarenergie*

UNE OASIS

Le désert d'Atacama, au nord du Chili, est le désert le plus sec du monde – il y pleut même moins que dans la Vallée de la Mort californienne. Il offre un paysage fantastique de lacs salés et de lagunes où s'ébattent des flamants roses, de geysers d'où jaillit l'eau chaude, ainsi que de canyons et de volcans dont on peut visiter les cratères à pied. Le village de San Pedro de Atacama, au bord duquel cet hôtel a été construit, est considéré comme la porte du désert. En optant pour la pierre, l'argile et le bois, les architectes chiliens Rodrigo Searle et Matías González ont choisi des matériaux de construction traditionnels et typiques de la région, l'acier et le verre ainsi que les formes modernes apportant des accents contemporains. La tradition et le design à la mode se marient également dans les chambres, aux tons de terre discrets et décorées avec modération. Les étoffes tissées à la main et les petites figurines de lamas en pierre volcanique ont été réalisées par des artisans des environs. Le restaurant propose une cuisine légère et créative basée sur des recettes du nord du Chili, tandis que l'Uma Spa, qui tire son nom d'un mot de la langue aymara signifiant « eau », prodigue des soins à base de produits locaux comme le lait de brebis, la boue et le miel. Les hôtes peuvent découvrir le désert autour de la maison au cours d'excellentes excursions guidées. Le programme personnalisé, établi en fonction des désirs et de la condition physique de chacun, comprend des randonnées en montagne, à bicyclette ou à cheval, et mène à travers les vallées, les montagnes ou les villages. Surtout ne pas manquer le ciel nocturne du désert d'Atacama : il est d'une clarté exceptionnelle et le spectacle des étoiles est impossible à oublier. ◆ À lire : « L'aventure de Miguel Littín » de Gabriel García Márquez

ACCÈS *Situé à la périphérie de San Pedro de Atacama avec vue sur le volcan Licancabur. Le transfert organisé depuis l'aéroport de Calama (liaisons aller-retour régulières avec Santiago) dure environ 1,5 h* · **PRIX** *$$$$, le transfert depuis l'aéroport, la pension complète (sans boissons alcoolisées) ainsi que 2 excursions d'une demi-journée ou 1 excursion d'une journée sont inclus ; séjour minimum de 2 nuits* · **CHAMBRES** *32 chambres* · **RESTAURATION** *Cuisine andine moderne servie au restaurant qui est doté de fenêtres panoramiques. Le bar sert des vins chiliens et du Pisco Sour selon la recette de l'hôtel* · **HISTOIRE** *Ouvert en 2008* · **LES « PLUS »** *L'hôtel est géré de manière aussi durable que possible et produit sa propre énergie solaire*

NAYARA ALTO ATACAMA

ATACAMA DESERT

NAYARA ALTO ATACAMA

Camino Pukará, Suchor s/n, San Pedro de Atacama, Antofagasta, Chile
Tel. +56 2 2912 3900 · reservations@nayararesorts.com
nayaraaltoatacama.com

A MIRROR OF THE DESERT

This hotel was inspired by the colors of the Atacama Desert, which shimmers ochre in the morning and glows pink at sunset, but also by the raw aesthetic of the nearby mountains: the Cordillera de la Sal on one side and a steep slope with the ruins of the old fortified town of Pukará de Quitor on the other side. And by the surprisingly diverse fauna of the region, which is one of the world's driest. The landscape designer Verónica Poblete researched on the desert for months, learned from local farmers, and brought wood and stones, seeds and plants to this place from the whole region to create a remarkable Andean garden. It surrounds the buildings, constructed in the style of an ayllu, a local village, looking wonderful from the terraces of the rooms, and thanks to its root vegetables, grains, herbs, and edible grasses lending a fresh note to the restaurant. Here the chefs work to handed-down recipes from the north of Chile, for example for the traditional barbecue in the quincho, a pavilion where various kinds of meat, maize and potatoes are grilled. Thus fortified, guests go out into the desert, on excursions that track down the cultures of ancient people such as the Tiwanaku or Incas, to the Rainbow Valley, where the mineral content of the rocks makes them glow in shades of brown, red and purple, or to the Valley of the Moon for what may be the most breathtaking view of the Atacama. ◆ Book to pack: "The Dreamer" by Pam Muñoz Ryan

DIRECTIONS *In a sheltered valley on the Río San Pedro. The drive to Calama airport takes 1 hour 15 minutes* · **RATES** *$$$$, including transfers, full board, and excursions* · **ROOMS** *42 rooms and suites* · **FOOD** *Excellent local dishes in the "Ckelar" restaurant. Chilean wines are served at the bar, and tastings are held* · **HISTORY** *Since October 2020 the Alto Atacama has been operated by Nayara and is the first house of this group outside its Costa Rican homeland* · **X-FACTOR** *At the viewing point named Ckepi (meaning "eye" in the Kunza language) the hotel has an open-air observatory, which is perfect for star-gazing*

EIN SPIEGELBILD DER WÜSTE

Dieses Hotel lässt sich von den Farben der Atacamawüste inspirieren, die morgens in Ocker schimmert und bei Sonnenuntergang pink glüht. Aber auch von der rauen Ästhetik der umliegenden Berge: der Cordillera de la Sal auf der einen und dem Steilhang mit den Ruinen der alten Festungsstadt Pukará de Quitor auf der anderen Seite. Und von der überraschend vielfältigen Fauna der Region, die eine der trockensten der Welt ist. Die Landschaftsarchitektin Verónica Poblete erforschte die Wüste monatelang, lernte von einheimischen Bauern und brachte Holz und Steine, Samen und Pflanzen aus der ganzen Region hierher, um einen außergewöhnlichen Andengarten anzulegen. Er umgibt die im Stil eines Ayllu, eines lokalen Dorfes, erbauten Häuser und ist von den Terrassen der Zimmer aus nicht nur wunderschön anzusehen, sondern sorgt mit Wurzelgemüse, Körnern, Kräutern sowie essbaren Gräsern auch für eine frische Note im Restaurant. Dort wird nach überlieferten nordchilenischen Rezepten gekocht und gegrillt – zum Beispiel im Quincho, einem Pavillon, beim traditionellen Barbecue, bei dem verschiedene Fleischsorten, Mais und Kartoffeln auf den Rost kommen. Gut gestärkt geht es dann hinaus in die Wüste, zu kulturellen Exkursionen auf den Spuren alter Völker wie der Tiwanaku oder Inka, ins Regenbogental, dessen mineralhaltige Felsen in Braun-, Rot- und Purpurtönen leuchten, oder ins Tal des Mondes, das den vielleicht atemberaubendsten Anblick der Atacamawüste bietet. ♦ Buchtipp: „Der Träumer" von Pam Muñoz Ryan

ANREISE *In einem geschützten Tal am Río San Pedro gelegen. Zum Flughafen Calama fährt man 1 Std. 15 min* · PREISE *$$$$, inkl. Transfers, Vollpension und Ausflüge* · ZIMMER *42 Zimmer und Suiten* · KÜCHE *Ausgezeichnete lokale Gerichte im Restaurant „Ckelar". An der Bar gibt es chilenische Weine; auch Verkostungen werden angeboten* · GESCHICHTE *Seit Oktober 2020 wird das Alto Atacama von Nayara betrieben, als erstes Haus außerhalb von Costa Rica, dem Heimatland der Gruppe* · X-FAKTOR *Am Aussichtspunkt Ckepi („Auge" in der Kunza-Sprache) besitzt das Hotel ein Open-Air-Observatorium – perfekt für einen Blick in die Sterne*

LES COULEURS DU DÉSERT

Les créateurs de cet hôtel se sont inspirés des couleurs du désert d'Atacama, de son ocre qui chatoie le matin et de son rose qui s'embrase au coucher du soleil, mais aussi de la beauté brute des montagnes environnantes : la Cordillera de la Sal d'un côté et, de l'autre, l'escarpement où se trouvent les ruines de l'ancienne ville fortifiée de Pukará de Quitor. Et de la faune étonnamment variée de la région, l'une des plus arides du monde. L'architecte paysagiste Verónica Poblete qui a exploré le désert pendant des mois, approfondissant ses connaissances auprès des paysans locaux, a apporté ici du bois et des pierres, des graines et des plantes de toute la région pour créer un jardin andin hors du commun. Il entoure les maisons construites dans le style d'un ayllu, un village local, et n'est pas seulement magnifique à voir depuis les terrasses des chambres – il fournit également le restaurant en produits frais : des légumes-racines, des graines, des herbes ainsi que des graminées comestibles. Là, on cuisine et on fait des grillades selon des recettes traditionnelles du nord du Chili – par exemple lors du barbecue traditionnel dans le quincho, un pavillon où différentes sortes de viande, du maïs et des pommes de terre sont mis sur le gril. Ayant repris des forces, nous partons ensuite dans le désert pour des excursions culturelles sur les traces d'anciens peuples comme les Tiwanaku ou les Incas, dans la Vallée de l'Arc-en-ciel, dont les roches riches en minéraux brillent dans des tons bruns, rouges et pourpres, ou dans la Vallée de la Lune, qui offre peut-être la vue la plus extraordinaire d'Atacama. ♦ À lire : « Le rêveur » de Pam Muñoz Ryan

ACCÈS *Situé dans une vallée protégée au bord du Río San Pedro. L'aéroport de Calama est à 1 h 15 de route* · PRIX *$$$$, transferts, pension complète et excursions inclus* · CHAMBRES *42 chambres et suites* · RESTAURATION *Excellents plats de la cuisine locale au restaurant « Ckelar ». Le bar propose des vins chiliens et des dégustations* · HISTOIRE *Depuis octobre 2020, l'Alto Atacama est géré par Nayara, dont c'est le premier établissement en dehors du Costa Rica, pays d'origine du groupe* · LES « PLUS » *L'hôtel possède un observatoire en plein air au poste d'observation de Ckepi (« œil » en langue Kunza), l'endroit idéal pour regarder les étoiles*

TRAVESÍA EXPLORA ATACAMA-UYUNI

ATACAMA DESERT & SALAR DE UYUNI

TRAVESÍA EXPLORA ATACAMA–UYUNI

Tel. +56 2 2395 2800 · reserves@explora.com
explora.com

ON THE ROAD

This journey is for people who have time, who travel for the sake of travelling rather than to arrive as quickly as possible. It is for fans of the outdoors, who feel more at home in magnificent natural surroundings than in a city. For the adventurous-at-heart, who want to explore a foreign country their own way, ideally on lonely tracks. It is a very special trip in an off-road vehicle with a private driver and guide, leading from San Pedro de Atacama in Chile to Uyuni in Bolivia, from the world's driest desert across the Altiplano, where the Andes are wide-open as nowhere else, to the world's biggest salt lake. For eight to twelve days, this journey crosses landscapes of pure, raw beauty. The destinations for the different stages of hikes or bike tours are agreed individually. It is possible to follow the ancient paths of Incas and shepherds, to cycle through deep canyons or climb in steep terrain, to seek out hot springs, geysers and caves, or to travel back through time at archaeological sites and in deserted villages. The starting point for expeditions is the Explora Atacama Lodge, one of the classic addresses at the San Pedro oasis. When travelling and in Uyuni, guests stay in hut-like shelters with a modern minimalistic design, both comfortable and practical, that the Chilean architect Max Núñez has sensitively inserted into the Altiplano and at the foot of the Tunupa volcano. Their ecological footprint is as small as possible, and they minimize the distance between humans and nature. Alongside a bed and bathroom, the panorama window is the most important element in the room, enabling guests to look out over the breathtaking surroundings when they wake up in the morning and go to sleep at night.
◆ Book to pack: "The Movie Speaker" by Hernán Rivera Letelier

DIRECTIONS *The journey with 1–2 passengers per car starts in San Pedro de Atacama at an altitude of 2,400 meters/7,900 feet and can go as high as 5,000 meters/16,400 feet at Uyuni. When travelling in the other direction it is advisable to allow 2 additional days in Uyuni to acclimatize* · **RATES** *$$$$, on all-inclusive packages of 8–12 days including the journey, excursions, and full board* · **ROOMS** *50 rooms and suites at the Explora Atacama Lodge, 4 rooms each at the Ramaditas and Chituca mountain homes in Altiplano, and 6 rooms in the Uyuni Salt Flat Lodge* · **FOOD** *Excellent local dishes and wines, served in the lodges or as a picnic in the open air* · **HISTORY** *Explora has included the Travesía Atacama–Uyuni in its program since 2021. It can be booked from mid-April to mid-December* · **X-FACTOR** *The art of travel*

ON THE ROAD

Diese Fahrt ist für Menschen mit Zeit, die reisen um des Reisens willen und nicht, um so schnell wie möglich anzukommen. Für Outdoorfans, die sich in grandioser Natur wohler fühlen als in der Großstadt. Für Abenteurer im Herzen, die ein fremdes Land auf eigenen und am liebsten einsamen Wegen erkunden wollen. Sie ist ein Roadtrip der besonderen Art: Im Geländewagen mit privatem Fahrer und Guide führt die Reise von San Pedro de Atacama in Chile nach Uyuni in Bolivien, von der trockensten Wüste der Welt durch den Altiplano, wo die Anden am weitesten sind, bis zum größten Salzsee der Welt. Acht bis zwölf Tage lang durchquert man Landschaften von purer und gewaltiger Schönheit. Die Etappenziele der Wanderungen oder Radtouren werden individuell zusammengestellt. Man kann alten Inka- und Hirtenwegen folgen, durch tiefe Canyons radeln oder in steilem Gelände bergsteigen, heiße Quellen, Geysire und Grotten aufspüren oder an Ausgrabungsstätten und in verlassenen Dörfern in die Vergangenheit zurückreisen. Als Ausgangspunkt dient die Lodge Explora Atacama, die zu den Klassikern in der Oase San Pedro zählt. Unterwegs und in Uyuni wohnen die Gäste in modern-minimalistisch designten, so komfortablen wie funktionalen Schutzhütten, die der chilenische Architekt Max Núñez behutsam in den Altiplano und an den Fuß des Vulkans Tunupa gesetzt hat. Sie belasten die Umwelt so wenig wie möglich und halten den Abstand zwischen Mensch und Natur so gering wie nötig. Neben Bett und Bad ist das Panoramafenster das wichtigste Element im Raum, sodass man die atemberaubende Umgebung schon morgens beim Aufwachen und noch abends beim Schlafengehen sehen kann.
◆ Buchtipp: „Die Filmerzählerin" von Hernán Rivera Letelier

ANREISE *Die Fahrt mit 1–2 Passagieren pro Auto beginnt in San Pedro de Atacama auf 2400 m Höhe und kann bei Uyuni Höhen von mehr als 5000 m erreichen. Wenn man sie in umgekehrter Richtung macht, sollte man 2 Zusatztage in Uyuni einplanen, um sich zu akklimatisieren ·* **PREISE** *$$$$, angeboten werden All-inclusive-Pakete von 8–12 Tagen, inkl. Fahrt, Ausflüge, Vollpension ·* **ZIMMER** *50 Zimmer und Suiten in der Lodge Explora Atacama, je 4 Zimmer in den Mountain Homes Ramaditas und Chituca in Altiplano sowie 6 Zimmer in der Uyuni Salt Flat Lodge ·* **KÜCHE** *Sehr gute lokale Speisen und Weine, serviert in den Lodges oder beim Picknick in freier Natur ·* **GESCHICHTE** *Explora hat die Travesía Atacama–Uyuni seit 2021 im Programm. Sie ist von Mitte April bis Mitte Dezember buchbar ·* **X-FAKTOR** *Die Kunst des Reisens*

ON THE ROAD

Ceux qui ont le temps, qui voyagent pour le plaisir de voyager et non pour arriver le plus vite possible, les fans de plein air qui se sentent mieux dans un paysage grandiose que dans une grande ville, tout comme les aventuriers dans l'âme qui veulent explorer un pays étranger par leurs propres moyens, sur des chemins de préférence solitaires – ceux-là apprécieront ce road-trip d'un genre particulier : à bord d'un véhicule tout-terrain avec chauffeur et guide privés, il mène de San Pedro de Atacama au Chili à Uyuni en Bolivie, du désert le plus aride du monde à travers l'Altiplano, la vaste plaine de la cordillère des Andes, jusqu'au plus grand lac salé du monde. Huit à douze jours durant, on traverse des paysages d'une beauté pure et impressionnante. Les étapes des randonnées à pied ou à bicyclette sont organisées de manière individuelle. On peut suivre d'anciens chemins incas ou les sentiers des bergers, traverser à vélo des canyons profonds ou escalader des terrains escarpés, découvrir des sources chaudes, des geysers et des grottes, ou remonter le temps sur des sites archéologiques et dans des villages abandonnés. Le Lodge Explora Atacama, un des classiques de l'oasis de San Pedro, est le point de départ. En route et à Uyuni, les hôtes séjournent dans des refuges au design moderne et minimaliste, aussi confortables que fonctionnels, que l'architecte chilien Max Núñez a installés avec précaution dans l'Altiplano et au pied du volcan Tunupa. Ils ont le moins d'impact possible sur l'environnement et réduisent au maximum la distance entre l'homme et la nature. Outre le lit et la salle de bains, la fenêtre panoramique est l'élément le plus important de la pièce, de sorte que l'on peut voir le paysage à couper le souffle dès le matin au réveil et encore le soir en se couchant. ◆ À lire : « La raconteuse de films » de Hernán Rivera Letelier

ACCÈS *Le voyage en voiture avec 1–2 passagers à bord, commence à San Pedro de Atacama à 2 400 m d'altitude et on peut atteindre des altitudes de plus de 5 000 m à Uyuni. Dans le sens inverse, il faut prévoir 2 jours supplémentaires à Uyuni pour s'acclimater ·* **PRIX** *$$$$, des forfaits tout compris de 8 à 12 jours sont proposés, incluant le voyage, les excursions, la pension complète ·* **CHAMBRES** *50 chambres et suites dans le Lodge Explora Atacama, 4 chambres dans chacune des Mountain Homes Ramaditas et Chituca dans l'Altiplano et 6 chambres dans le Uyuni Salt Flat Lodge ·* **RESTAURATION** *Excellents mets et vins locaux, servis dans les lodges ou lors de pique-niques en plein air ·* **HISTOIRE** *La Travesía Atacama–Uyuni, au programme d'Explora depuis 2021, peut être réservée de mi-avril à mi-décembre ·* **LES « PLUS »** *Le voyage élevé au rang d'art*

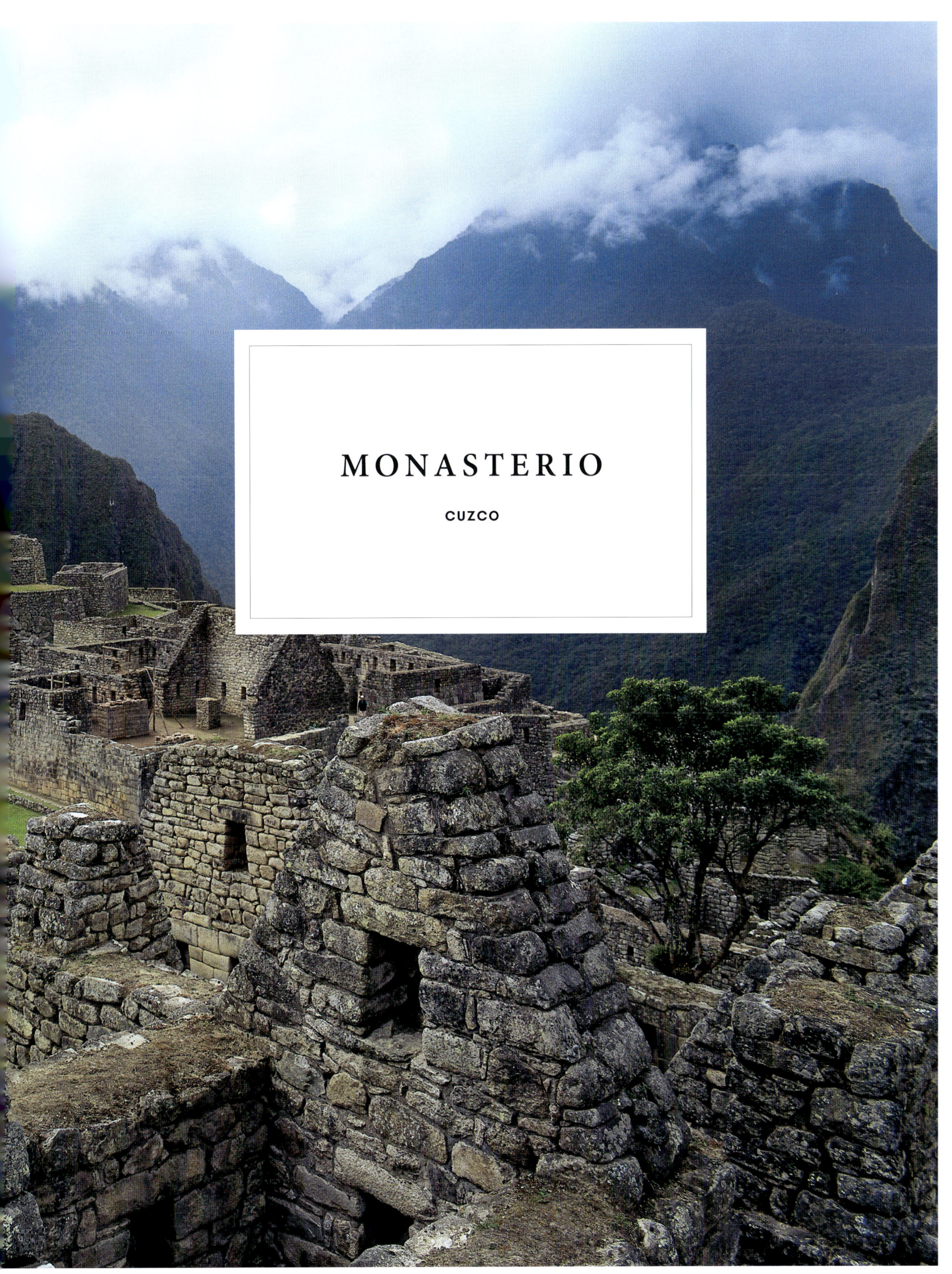

MONASTERIO

Calle Plazoleta Nazarenas 337, Cuzco, Peru
Tel. +51 84 604 000 · concierge.mon@belmond.com
belmond.com

TRACKING DOWN HISTORY

According to legend, the first of the Incas, the sun god's son, founded Cuzco. The name was programmatic: Cuzco means "navel of the world," and it quickly became the cultural and economic center of the Inca empire. The city's Spanish colonial architecture dates from the sixteenth century. This former monastery, built on the ruins of an Inca palace, also goes back to that period. What was once a spartan place to live has now become a luxurious hotel that almost seems to be a lived-in museum. Guests stay behind thick walls in rooms and suites that are individually fitted with dark wooden furnishings, exquisite antiques, and religious works of art from the eighteenth century (the hotel possesses the biggest collection in Cuzco). The air in some rooms can even be enriched with additional oxygen as a precaution against the altitude sickness feared by newly arrived guests, as the city is situated at approximately 11,200 feet above sea level. They only need to breathe in deeply, and then can stroll through the cloisters, admire the splendor of the baroque chapel, or relax in the courtyard beneath a 300-year-old cedar without a headache or a queasy stomach. The mood in the hotel is special in the evening, when opera singers perform arias in the restaurant vaults with their atmospheric lighting, and the day ends at the bar with a Peruvian pisco sour. ◆ Book to pack: "Death in the Andes" by Mario Vargas Llosa

DIRECTIONS *In the historic center of Cuzco, 15 minutes' drive from the city's airport* · **RATES** *$$$$* · **ROOMS** *117 rooms and suites* · **FOOD** *"Illariy" serves Peruvian and Mediterranean dishes with a view of the courtyard, "El Tupay" provides international menus and live opera music three times weekly. The hotel also has a bar and a deli* · **HISTORY** *Opened as a hotel in the mid-1990s* · **X-FACTOR** *A day trip to the ruined city of Machu Picchu*

AUF DEN SPUREN DER GESCHICHTE

Der Sage nach soll der erste Inka, der Sohn des Sonnengottes, Cusco gegründet haben. Der Name war Programm: Cusco bedeutet so viel wie „Nabel der Welt", und so wurde der Ort bald zum kulturellen und wirtschaftlichen Zentrum des Inkareiches. Die spanische Kolonialarchitektur der Stadt geht auf das 16. Jahrhundert zurück. Aus dieser Epoche stammt auch dieses ehemalige Kloster, das auf den Ruinen eines Inkapalastes erbaut wurde. Inzwischen ist aus der einst spartanischen Herberge ein luxuriöses Hotel geworden, das beinahe wie ein bewohntes Museum wirkt. Die Gäste residieren hinter dicken Mauern in Zimmern und Suiten, die individuell mit dunklen Holzmöbeln, exquisiten Antiquitäten und religiösen Kunstwerken aus dem 18. Jahrhundert ausgestattet sind (die hoteleigene Sammlung ist die größte in Cusco). Einige Räume können sogar mit Sauerstoff angereichert werden, um der bei Neuankömmlingen gefürchteten Höhenkrankheit entgegenzuwirken, denn die Stadt liegt immerhin rund 3400 Meter über dem Meeresspiegel. Man muss also nur tief durchatmen, dann kann man auch ohne Kopfschmerzen oder flaues Gefühl im Magen durch die Kreuzgänge wandeln, die opulente Barockkapelle bewundern oder im Innenhof unter einer 300 Jahre alten Zeder entspannen. Besonders atmosphärisch ist das Hotel am Abend, wenn im stimmungsvoll beleuchteten Gewölberestaurant Opernsänger Arien zum Besten geben und der Tag an der Bar bei einem peruanischen Pisco Sour endet.
♦ Buchtipp: „Tod in den Anden" von Mario Vargas Llosa

ANREISE *Im historischen Zentrum von Cusco gelegen, 15 Fahrtminuten vom Flughafen der Stadt entfernt* · **PREISE** *$$$$* · **ZIMMER** *117 Zimmer und Suiten* · **KÜCHE** *Das „Illariy" mit Blick auf den Innenhof serviert peruanische und mediterrane Gerichte, im „El Tupay" gibt es internationale Menüs und dreimal pro Woche Live-Opernmusik. Das Hotel hat neben der Bar auch ein Deli* · **GESCHICHTE** *Mitte der 1990er-Jahre als Hotel eröffnet* · **X-FAKTOR** *Ein Tagesausflug zur Ruinenstadt Machu Picchu*

SUR LES TRACES DU PASSÉ

La légende veut que Cuzco ait été fondée par le premier Inca, fils du dieu soleil. Nomen est omen : Cuzco signifiant quelque chose comme « nombril de la Terre », le lieu est rapidement devenu le centre culturel et économique de l'empire inca. L'architecture coloniale hispanique de la ville remonte au XVIe siècle, et de cette époque date aussi cet ancien monastère, construit sur les ruines d'un palais inca. Aujourd'hui, l'hébergement austère a été transformé en un hôtel luxueux qui ressemble presque à un musée habité. Les hôtes résident derrière des murs épais, dans des chambres et des suites aménagées individuellement avec un mobilier en bois sombre, des antiquités raffinées et des œuvres d'art religieuses du XVIIIe siècle (la collection de l'hôtel est la plus importante de Cuzco). L'air de certaines pièces peut même être enrichi en oxygène afin de lutter contre le mal des montagnes, tant redouté par les nouveaux arrivants – n'oublions pas que la ville est située à quelque 3 400 m au-dessus du niveau de la mer. Il suffit donc de respirer profondément pour pouvoir se promener dans les cloîtres, admirer la somptueuse chapelle baroque ou se détendre dans la cour intérieure sous un cèdre tricentenaire, sans avoir mal à la tête ni à l'estomac. Le soir, l'ambiance de l'hôtel est particulièrement fascinante, lorsque des chanteurs interprètent des airs d'opéra sous les voûtes du restaurant éclairé d'une lumière tamisée, et que la journée se termine au bar en dégustant un Pisco Sour péruvien.
♦ À lire : « Lituma dans les Andes » de Mario Vargas Llosa

ACCÈS *Situé dans le centre historique de Cuzco, à 15 min en voiture de l'aéroport de la ville* · **PRIX** *$$$$* · **CHAMBRES** *117 chambres et suites* · **RESTAURATION** *L'« Illariy », avec vue sur le patio, sert des plats péruviens et méditerranéens, tandis que l'« El Tupay » propose des menus internationaux et de la musique d'opéra en live trois fois par semaine. Outre le bar, l'hôtel dispose également d'un Deli* · **HISTOIRE** *Ouvert comme hôtel au milieu des années 1990* · **LES « PLUS »** *Une excursion d'une journée dans les ruines de la cité inca de Machu Picchu*

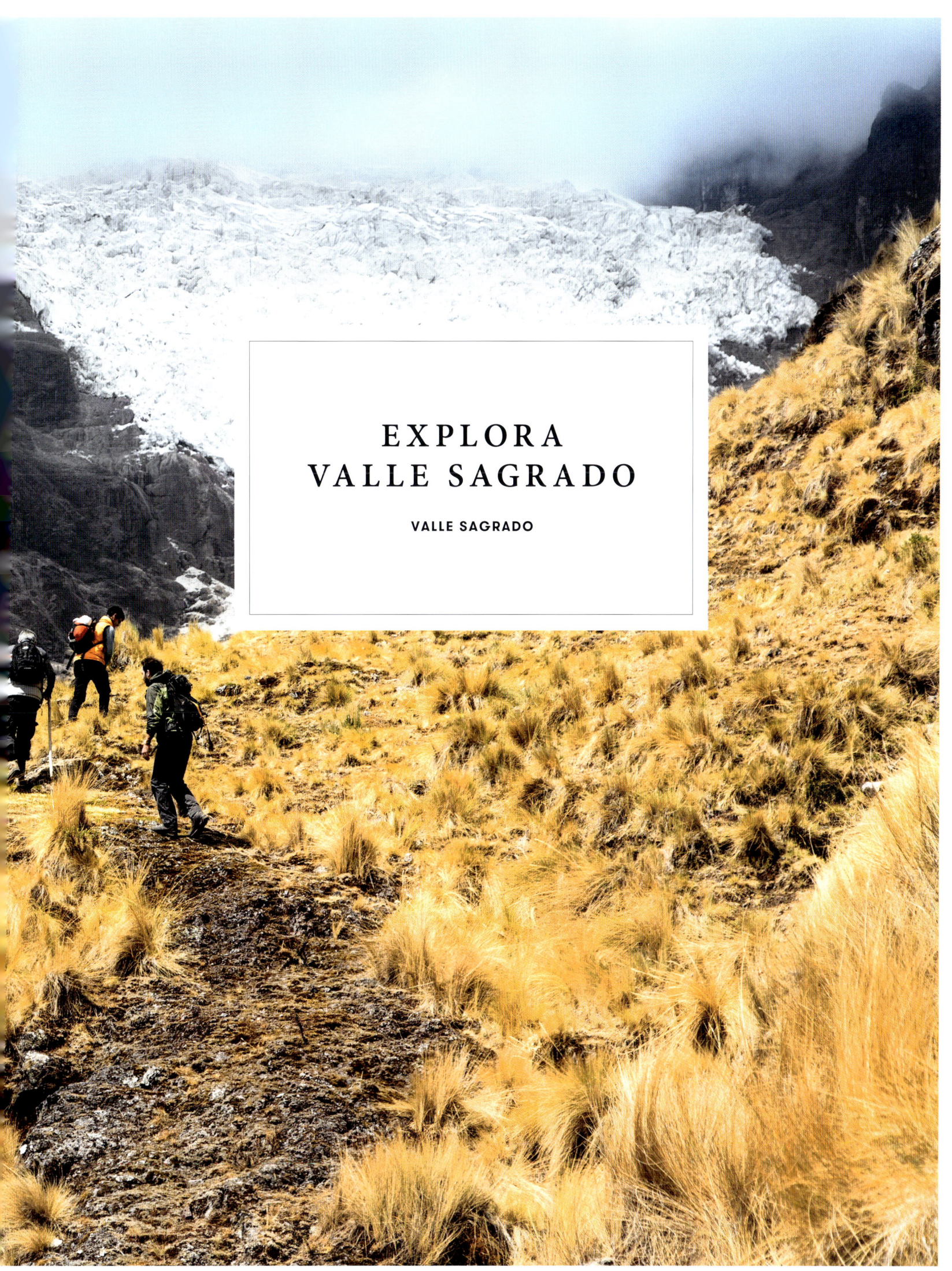

EXPLORA VALLE SAGRADO

Urquillos, Valle Sagrado, Peru
Tel. +56 2 2395 2800 · reserves@explora.com
explora.com

WHERE THE INCAS ONCE LIVED

This valley was so green and fertile that it was sacred to the Incas. It lay at a lower altitude than their capital city Cuzco, and therefore had a warmer climate. The Urubamba River supplied its water, and the mountains on either side provided shelter. In Valle Sagrado, "Holy Valley," the Incas practiced agriculture and founded settlements. Many of the sites where they once lived their lives can still be admired today. This includes the famous ruins of Machu Picchu, but also less well-known sites such as the fortresses of Písac and Ollantaytambo – as well as the circular terraces of Moray, which have a shape reminiscent of an amphitheater and are said to have aided the Incas in trying out various kinds of cultivation. Not to mention the salt pans of Maras, where pink-colored salt has been extracted since pre-Columbian days. The Explora Valle Sagrado, too, stands on what was once Inca land: when the hotel was built in the middle of a maize plantation, the remains of Inca buildings were discovered a number of times. To preserve them, the architect José Cruz Ovalle changed his plans repeatedly and adapted the elongated, flat, simple complex to its surroundings. He also pulled off the feat of integrating more historic heritage, though of a more recent date: the carefully restored colonial house that once belonged to the Peruvian revolutionary Mateo García Pumacahua was turned into the hotel's spa. Here guests can relax after the first-class, carefully planned excursions that Explora organizes in the Valle Sagrado: the duration and level of difficulty of the trips are gradually increased so that the body can get accustomed step by step to altitudes of between 9,200 to 15,400 feet.
◆ Book to pack: "Cloud Road" by John Harrison

DIRECTIONS *The Valle Sagrado lies in the Peruvian Andes to the north of Cuzco. From Lima the flight to Cuzco takes 1.5 hours. Guests are picked up there for the journey of almost 2 hours to the hotel near the village of Urquillos* · RATES *$$$$, including transfers, full board, excursions; minimum stay 3 nights* · ROOMS *50 rooms and suites* · FOOD *Modern Andean cuisine with local and organic ingredients, curated by the well-known Peruvian chef Virgilio Martínez* · HISTORY *The hotel was opened in 2016* · X-FACTOR *On the trail of a fascinating people – off the beaten tourist track wherever possible*

WO EINST DIE INKA LEBTEN

Dieses Tal war so grün und fruchtbar, dass es den Inka heilig war. Es lag ein bisschen tiefer als ihre Hauptstadt Cusco und hatte daher ein wärmeres Klima. Der Fluss Urubamba versorgte es mit Wasser, und die Berge zu beiden Seiten boten ihm Schutz. Im Valle Sagrado, dem „Heiligen Tal", betrieben die Inka Landwirtschaft und gründeten Siedlungen – viele ihrer ehemaligen Wohn- und Wirkungsstätten kann man noch heute bewundern. Die weltberühmten Ruinen von Machu Picchu sind darunter, aber auch weniger bekannte Orte wie die Festungen von Písac und Ollantaytambo. Ebenso die Rundterrassen von Moray, deren Form an ein Amphitheater erinnert und mit deren Hilfe die Inka unterschiedliche Anbaumöglichkeiten erprobt haben sollen. Oder die Salzfelder von Maras, in denen seit präkolumbischer Zeit rosafarbenes Salz gewonnen wird. Auch das Explora Valle Sagrado steht auf ehemaligem Inkagebiet: Als das Hotel inmitten einer alten Maisplantage errichtet wurde, stieß man immer wieder auf Überreste von Inkabauten. Um sie zu bewahren, änderte der Architekt José Cruz Ovalle seinen Entwurf mehrmals und passte den lang gezogenen, flachen und schlichten Komplex der Umgebung an. Zudem brachte er das Kunststück fertig, ein weiteres historisches Erbe zu integrieren, wenn auch etwas jüngeren Datums: Aus einem behutsam sanierten Kolonialhaus, das einst dem peruanischen Revolutionär Mateo García Pumacahua gehörte, wurde das Spa des Hotels. Dort entspannt man nach den erstklassigen, sorgfältig geplanten Exkursionen, die Explora im Valle Sagrado anbietet: So werden Dauer und Schwierigkeitsgrad der Ausflüge allmählich gesteigert, damit sich der Körper Schritt für Schritt an Höhen von 2800 bis 4700 Metern gewöhnen kann. ◆ Buchtipp: „Wolkenpfad" von John Harrison

ANREISE *Das Valle Sagrado liegt in den peruanischen Anden nördlich von Cusco. Von Lima aus fliegt man in 1,5 Std. nach Cusco und wird dort abgeholt. Die Fahrt zum Hotel nahe des Dorfs Urquillos dauert knapp 2 Std.* · **PREISE** *$$$$, inkl. Transfers, Vollpension, Ausflüge; Mindestaufenthalt 3 Nächte* · **ZIMMER** *50 Zimmer und Suiten* · **KÜCHE** *Moderne Andenküche mit lokalen und biologischen Zutaten, kuratiert von dem bekannten peruanischen Koch Virgilio Martínez* · **GESCHICHTE** *Das Hotel wurde 2016 eröffnet* · **X-FAKTOR** *Auf den Spuren eines faszinierenden Volkes – wo immer möglich, abseits der Touristenpfade*

LA VALLÉE SACRÉE DES INCAS

Cette vallée était si verte et si fertile qu'elle était sacrée pour les Incas. Située un peu plus bas que Cuzco, la capitale de l'Empire, elle bénéficiait donc d'un climat plus chaud, était arrosée par le fleuve Urubamba et protégée par les montagnes. Dans la Valle Sagrado, les Incas pratiquaient l'agriculture et fondaient des communautés – on peut encore admirer aujourd'hui nombre de leurs lieux de vie et d'activité. Les ruines mondialement célèbres du Machu Picchu par exemple, mais aussi des sites moins connus comme les forteresses de Písac et d'Ollantaytambo, tout comme les terrasses circulaires de Moray, dont la forme rappelle celle d'un amphithéâtre et à l'aide desquelles les Incas auraient expérimenté diverses formes de culture. Ou encore les salines de Maras, où l'on extrait du sel rose depuis l'époque précolombienne. L'Explora Valle Sagrado se trouve lui aussi sur un ancien territoire inca : lorsque l'hôtel a été construit au milieu d'une ancienne plantation de maïs, on découvrait sans cesse des vestiges de constructions incas. Afin de les préserver, l'architecte José Cruz Ovalle a modifié son projet à plusieurs reprises, adaptant le complexe allongé, plat et sobre à son environnement. Il a également réussi l'exploit d'intégrer au complexe un autre héritage historique, un peu plus récent celui-là : une maison coloniale ayant appartenu au révolutionnaire péruvien Mateo García Pumacahua a été rénovée avec précaution et est devenue le spa de l'hôtel. On s'y détend après les excursions de première classe, soigneusement planifiées, qu'Explora propose dans la Valle Sagrado : leur durée et leur degré de difficulté sont ainsi progressivement augmentés, afin que le corps puisse s'habituer peu à peu à des altitudes de 2 800 à 4 700 mètres. ◆ À lire : « Les aventures de Tintin : Le temple du soleil » de Hergé

ACCÈS *La Valle Sagrado est située dans les Andes péruviennes, au nord de Cuzco. Depuis Lima, le vol pour Cuzco dure 1,5 h, et on vient vous chercher. Le trajet jusqu'à l'hôtel près du village d'Urquillos dure à peine 2 h* · **PRIX** *$$$$, transferts, pension complète et excursions inclus; séjour minimum de 3 nuits* · **CHAMBRES** *50 chambres et suites* · **RESTAURATION** *Cuisine andine moderne à base de produits bio de la région, sous la houlette du célèbre chef péruvien Virgilio Martínez* · **HISTOIRE** *L'hôtel a ouvert ses portes en 2016* · **LES « PLUS »** *Sur les traces d'un peuple fascinant – autant que possible, hors des sentiers battus*

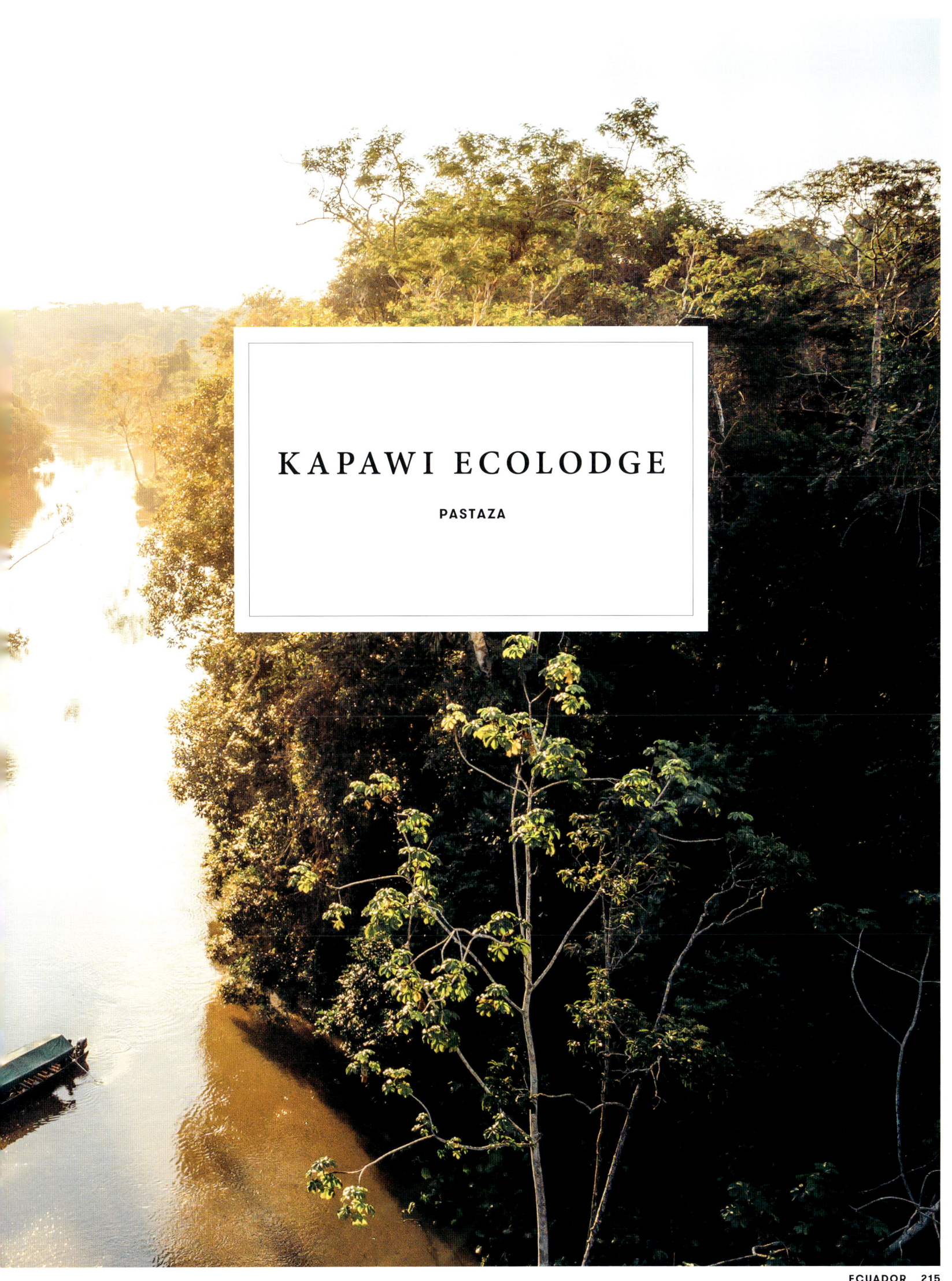

KAPAWI ECOLODGE

PASTAZA

KAPAWI ECOLODGE

Kapawi, Pastaza, Ecuador
Tel. +593 98 058 9333 · info@kapawi.com
kapawi.com

IN THE DEPTHS OF THE JUNGLE

It takes a light aircraft almost an hour to fly from the small town of Shell to Kusutkau, from where the boat leaves for Kapawi. While travelers soar above the Amazon rainforest of Ecuador, and the intense green of the country below seems to stretch for ever, they get an idea of the remoteness of this lodge, which lies deep in the jungle. Before an airstrip was built nearby, Kapawi was accessible only after a journey of several days by water or on foot. This was the territory of the indigenous Achuar people, who are behind a unique community project for green tourism: to protect their habitat, to preserve their culture, and to earn a living, in the 1990s they founded the Kapawi Ecolodge and ran it with an Ecuadorian travel company at first, before becoming the sole owners and operators in 2008. The simple bungalows of the lodge stand on stilts at the edge of a swampy area on the Capahuari River. They were built by the Achuar in a traditional architectural style, with almost exclusive use of natural materials from the rainforest. There are communal areas where guests can meet around the open fire for the early-morning tea ceremony, for meditation, or for dinner, when the dishes are shared. On hikes and boat trips, guests get a close-up encounter with a unique natural world – and with an alien culture, as personal contact to the hosts is part of this out-of-the-ordinary study trip: visitors are welcomed in farms and markets, in schools and even in the homes of the Achuar. They learn how this people supports itself in the jungle, are initiated into the mysteries of healing plants, and are even allowed to be present at special ceremonies.

◆ Book to pack: "Don't Sleep, There Are Snakes: Life and Language in the Amazonian Jungle" by Daniel Everett

DIRECTIONS *In the Amazon region to the south-east of Quito. The nearest town, 160 km/100 miles away, is Shell. From there a transfer is organized to the lodge by light aircraft (50 minutes) and boat (20 minutes)* · **RATES** *$$$$, including full board (without alcoholic drinks) and activities; packages of 3, 4 or 7 nights are offered* · **ROOMS** *6 huts for 3 guests each, 4 huts for 2 guests* · **FOOD** *A lot of fruit and root vegetables cultivated locally, also fish and chicken. In the villages, guests can also try Achuar specialties* · **HISTORY** *Opened in 1996 and renovated in 2019; the lodge has received several environmental awards* · **X-FACTOR** *A trip to another world*

TIEF IM DSCHUNGEL

Eine knappe Stunde braucht das Kleinflugzeug vom Städtchen Shell nach Kusutkau, wo das Boot nach Kapawi ablegt. Während man über dem Amazonasregenwald von Ecuador schwebt und die sattgrüne Landschaft unter dem Flugzeug kein Ende nehmen will, bekommt man eine Ahnung davon, wie tief und abgeschieden diese Lodge im Dschungel liegt. Ehe es in der Nähe eine Landebahn gab, war Kapawi nur nach mehreren Tagen auf dem Wasser oder zu Fuß erreichbar. Hier lebt das indigene Volk der Achuar, das hinter einem einzigartigen Ökotourismus- und Communityprojekt steht: Um ihren Lebensraum zu schützen, ihre Kultur zu bewahren und ein eigenes Einkommen zu haben, gründeten sie in den 1990ern die Kapawi Ecolodge und führten sie zunächst mit einem ecuadorianischen Reiseveranstalter, bis sie 2008 alleinige Besitzer und Betreiber wurden. Die schlichten Bungalows der Anlage stehen auf Stelzen am Rand eines Feuchtgebiets am Capahuari-Fluss und wurden von den Achuar selbst in traditioneller Architektur und fast ausschließlich mit natürlichen Materialien aus dem Regenwald erbaut. Es gibt Gemeinschaftsbereiche, in denen sich die Gäste zur frühmorgendlichen Teezeremonie am offenen Feuer treffen, zur Meditation oder zum Abendessen, bei dem die Speisen geteilt werden. Bei Wanderungen und Bootstouren kommt man einer einzigartigen Natur ganz nah – und einer fremden Kultur, denn der persönliche Kontakt zu den Gastgebern gehört bei dieser besonderen Studienreise stets dazu: Besucher werden auf Höfen und Märkten, in Schulen und sogar Heimen willkommen geheißen. Sie lernen, wie sich die Achuar im Dschungel versorgen, werden in die Geheimnisse ihrer Heilpflanzen eingeweiht und dürfen sogar bei besonderen Zeremonien dabei sein. ◆ Buchtipp: „Das glücklichste Volk" von Daniel Everett

ANREISE *Im Amazonasgebiet südöstlich von Quito gelegen, die nächste Stadt ist das 160 km entfernte Shell. Von dort aus erreicht man die Lodge per Kleinflugzeug (50 min) und Boot (20 min), der Transfer wird organisiert* · **PREISE** *$$$$, inkl. Vollpension (ohne alkoholische Getränke) und Aktivitäten; angeboten werden Packages von 3, 4 oder 7 Nächten* · **ZIMMER** *6 Hütten für je 3 Personen und 4 Hütten für je 2 Personen* · **KÜCHE** *Viel Obst und (Wurzel-)Gemüse aus eigenem Anbau, dazu Fisch und Huhn. In den Dörfern kann man auch Spezialitäten der Achuar kosten* · **GESCHICHTE** *1996 eröffnet und 2019 renoviert; die Lodge erhielt schon mehrere Umweltpreise* · **X-FAKTOR** *Eine Reise in eine andere Welt*

LES PROFONDEURS DE LA JUNGLE

Le petit avion relie en moins d'une heure la ville de Shell à Kusutkau, d'où part le bateau pour Kapawi. Alors que l'on plane au-dessus de l'Amazonie équatorienne et que le paysage de forêt verdoyant en dessous de nous n'en finit pas, on se fait une idée de l'isolement de ce lodge dans la jungle profonde. Avant l'existence d'une piste d'atterrissage à proximité, Kapawi n'était accessible qu'après plusieurs jours de navigation ou de marche. C'est ici que vit le peuple indigène Achuar, à l'origine d'un projet d'écotourisme et de communauté unique en son genre : afin de protéger leur habitat, de préserver leur culture et d'avoir leurs propres revenus, ils ont fondé le Kapawi Ecolodge dans les années 1990 et l'ont d'abord géré avec un tour-opérateur équatorien jusqu'à ce qu'ils en deviennent les seuls propriétaires et exploitants en 2008. Les sobres bungalows du complexe sont montés sur pilotis au bord d'une zone humide sur la rivière Capahuari et ont été construits par les Achuar eux-mêmes dans une architecture traditionnelle et presque exclusivement avec des matériaux naturels issus de la forêt tropicale. Il y a des espaces communs où les hôtes se retrouvent pour la cérémonie du thé au petit matin autour d'un feu ouvert, pour la méditation ou pour le dîner au cours duquel les plats sont partagés. Les randonnées et les excursions en bateau permettent d'approcher une nature unique – et une culture étrangère, car le contact personnel avec les hôtes fait toujours partie de ce voyage d'études particulier : les visiteurs sont accueillis dans des fermes et des marchés, dans des écoles et même dans des foyers. Ils apprennent comment les Achuar s'approvisionnent dans la jungle, sont initiés aux secrets de leurs plantes médicinales et peuvent même assister à certaines cérémonies. ◆ À lire : « Le monde ignoré des Indiens Piranhãs » de Daniel Everett

ACCÈS *Situé dans la région amazonienne au sud-est de Quito, la ville la plus proche est Shell, à 160 km. De là, on atteint le lodge dans un petit avion (50 min) et en bateau (20 min), le transfert est organisé* · **PRIX** *$$$$, pension complète (sans boissons alcoolisées) et activités inclus; des forfaits de 3, 4 ou 7 nuits sont proposés* · **CHAMBRES** *6 cabanes pour 3 personnes et 4 cabanes pour 2 personnes* · **RESTAURATION** *Beaucoup de fruits et de légumes (racines) cultivés sur place, ainsi que du poisson et du poulet. Dans les villages, on peut également déguster des spécialités Achuar* · **HISTOIRE** *Ouvert en 1996 et rénové en 2019; le lodge a déjà reçu plusieurs prix de l'environnement* · **LES « PLUS »** *La découverte d'un autre monde*

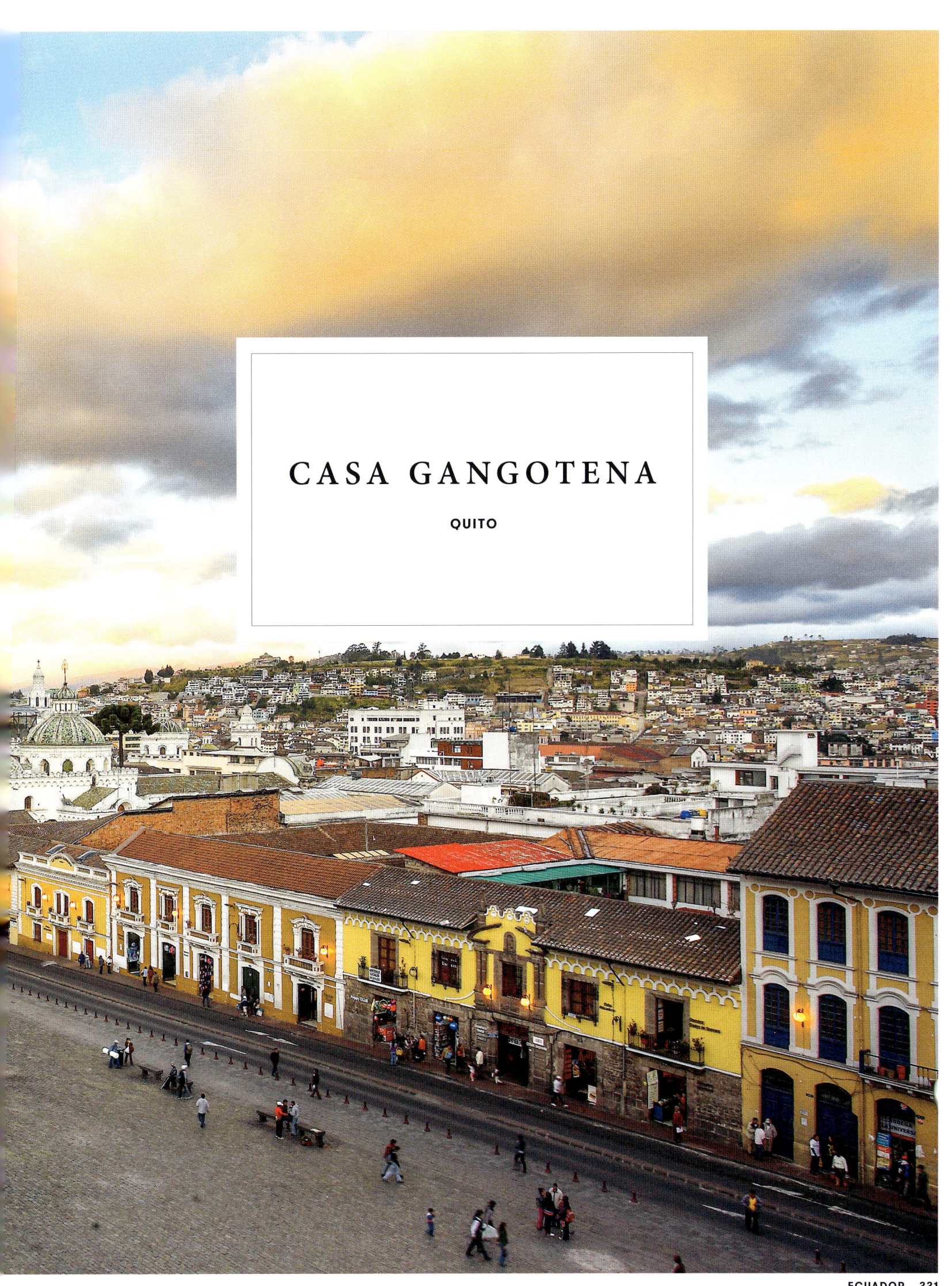

CASA GANGOTENA

QUITO

CASA GANGOTENA

Bolivar Oe6-41 y Cuenca, Quito, Ecuador
Tel. +593 98 601 6610 & +593 2 400 4708 · info@casagangotena.com
casagangotena.com

THE FINEST ADDRESS IN TOWN

The site that the Gangotena family selected as their dynastic seat in the early twentieth century was historic and prestigious: an Inca temple once stood here in majesty, later the presidential residence, and right on the doorstep was the main square of Quito, the heart of the capital of Ecuador. On this spot the Gangotenas, one of the most influential families in the country, who included industrialists, politicians, academics, and even a poet in their ranks, built a magnificent palace for themselves. Behind a neoclassical façade it had tall, elegant rooms, played with elements of the art nouveau and art deco styles, possessed a patio with a fountain and even a ballroom. For some eighty years the Gangotenas lived here. Then their palace became a hotel that still bears the name of the former owners and has put a shine on past glories once more. The building was thoroughly restored, and thanks to valuable antiques as well as elaborate murals and ceiling paintings, every room is an individual gem. The romantic Junior Suite on the first floor even has a private balcony with a garden view. In the restaurant, where the tables are among the most coveted in the city, typical Ecuadorean recipes are cooked with added refinement and old traditions are celebrated, for example café quiteño, afternoon coffee brewed from aromatic Ecuadorean beans and served in the courtyard. In the evening, guests' favorite spot is the roof terrace – here they enjoy a glass of wine and a view across the Old Town, protected by Unesco, reaching as far as the permanently snow-covered Cayambe volcano.
◆ Book to pack: "Poso Wells" by Gabriela Alemán

DIRECTIONS *The hotel is in the center of Quito, almost 1 hour by car from the international airport* · RATES *$$$–$$$$* · ROOMS *31 rooms and suites* · FOOD *The restaurant describes its cooking as "cocina mestiza," combining indigenous, European, and American flavors. The bar serves classic cocktails* · HISTORY *Built in 1924, now protected heritage, and opened as a hotel in 2011* · X-FACTOR *A trip back to the glorious past of Quito, at 2,850 meters/9,350 feet the highest-altitude capital city in the world*

DIE ERSTE ADRESSE AM PLATZ

Es war ein geschichtsträchtiges und prestigereiches Grundstück, das die Familie Gangotena im frühen 20. Jahrhundert für ihren Stammsitz auswählte: Einst thronte hier ein Tempel der Inka, später die Residenz des Präsidenten, und direkt vor der Tür lag der zentrale Platz von Quito, das Herz der Hauptstadt. An dieser Stelle ließen die Gangotenas, die zu den einflussreichsten Familien Ecuadors gehörten und Industrielle, Politiker, Akademiker und sogar einen Dichter hervorbrachten, ein prachtvolles Palais erbauen. Hinter einer neoklassizistischen Fassade besaß es hohe, elegante Räume, spielte mit Art-nouveau- sowie Art-déco-Elementen, hatte einen Patio mit Brunnen und sogar einen Ballsaal. Rund 80 Jahre lang lebten die Gangotenas hier, dann wurde aus dem Haus ein Hotel, das noch immer den Namen seiner einstigen Besitzer trägt und den Glanz der Vergangenheit sogar nochmals aufpoliert hat. Das Haus wurde rundum restauriert, und dank wertvoller Antiquitäten, originaler Ölgemälde, filigraner Decken- und Wandmalereien ist jeder Raum ein individuelles Schmuckstück. Die romantische Junior Suite im ersten Stock hat sogar einen Privatbalkon mit Blick in den Garten. Im Restaurant, das zu den begehrtesten der Stadt zählt, werden landestypische Rezepte verfeinert und alte Traditionen wie der Café Quiteño zelebriert, ein Nachmittagskaffee, der aus duftenden ecuadorianischen Bohnen gebrüht und im Hof serviert wird. Am Abend schließlich ist die Dachterrasse der Lieblingsplatz der Gäste – dort genießen sie ein Glas Wein und die Sicht über die Unesco-geschützte Altstadt bis zum Vulkan Cayambe, der immer schneebedeckt ist. ◆ Buchtipp: „Poso Wells" von Gabriela Alemán

ANREISE *Das Hotel befindet sich im Zentrum von Quito, knapp 1 Fahrtstunde vom internationalen Flughafen entfernt* · PREISE *$$$–$$$$* · ZIMMER *31 Zimmer und Suiten* · KÜCHE *Das Restaurant bezeichnet seine Küche als „cocina mestiza", die indigene, europäische und amerikanische Aromen verbindet. Die Bar serviert Cocktailklassiker* · GESCHICHTE *1924 errichtet und 2011 als Hotel eröffnet. Das Gebäude ist denkmalgeschützt* · X-FAKTOR *Eine Reise in die glanzvolle Vergangenheit Quitos, der mit 2850 m höchstgelegenen Hauptstadt der Welt*

LA MEILLEURE ADRESSE

La famille Gangotena a choisi au début du XXe siècle un terrain chargé d'histoire et de prestige pour y établir sa résidence : un temple inca se dressait ici autrefois, puis la résidence du président ; et la place centrale de Quito, le cœur de la capitale, se trouvait au pied de la porte. C'est à cet endroit que les Gangotena, l'une des familles les plus influentes d'Équateur et qui ont donné naissance à des industriels, des hommes politiques, des universitaires et même un poète, ont fait construire un somptueux palais. Derrière une façade néoclassique dissimulant des pièces hautes et élégantes, il jouait avec des éléments Art nouveau et Art Déco, avait un patio doté d'une fontaine et même une salle de bal. Les Gangotena y ont vécu pendant près de 80 ans, puis la maison est devenue un hôtel qui a gardé le nom de ses anciens propriétaires et même rétabli le prestige du passé. La maison a été entièrement restaurée, des antiquités de prix, des tableaux à l'huile originaux, des peintures filigranes au plafond et aux murs, transforment chaque pièce en un bijou unique. La Junior Suite romantique au premier étage dispose même d'un balcon privé avec vue sur le jardin. Au restaurant, l'un des plus prisés de la ville, on affine les recettes typiques du pays et on célèbre les traditions anciennes comme le café quiteño, un café d'après-midi préparé à partir de grains équatoriens parfumés et servi dans le patio. Le soir, enfin, le toit-terrasse est l'endroit préféré des hôtes qui savourent ici un verre de vin et profitent de la vue sur la cité historique, protégée par l'Unesco, et qui s'étend jusqu'au volcan Cayambe, toujours enneigé. ◆ À lire : « Le livre flottant » de Leonardo Valencia

ACCÈS *L'hôtel est situé dans le centre de Quito, à moins d'1 h de route de l'aéroport international* · PRIX *$$$–$$$$* · CHAMBRES *31 chambres et suites* · RESTAURATION *Le restaurant qualifie sa cuisine de « cocina mestiza », une cuisine métissée qui marie les saveurs indigènes, européennes et américaines. Le bar sert des cocktails classiques* · HISTOIRE *Construit en 1924 et ouvert en tant qu'hôtel en 2011. Le bâtiment est classé monument historique* · LES « PLUS » *Un voyage dans le passé prestigieux de Quito, la capitale la plus haute du monde avec ses 2 850 m d'altitude*

MASHPI LODGE

Mashpi, Ecuador
Tel. +1 844 738 5895 & +593 2 400 4708 · info@mashpilodge.com
mashpilodge.com

IN THE HEART OF NATURE

Many Ecuadoreans know Roque Sevilla as the ex-mayor of Quito and a successful businessman, a person committed to protecting the environment. The natural world of his homeland has always been close to his heart. Not far from Quito, in the Chocó region, where the rainforest meets the forests of mist, in 2001 he bought land that was threatened by clearance and mining. This area of about 2,500 acres has become the private reserve of Mashpi, which turns out to be a real hotspot for species diversity – with so many kinds of animals and plants that it is hardly possible to count them. Some of them are even endemic, meaning that they are found nowhere else in the world. For the lodge in modern style, Roque Sevilla chose the site of a disused sawmill so that no more trees had to be felled for construction work. The building, made from prefabricated parts and lots of glass, steel, and stone, was embedded so skillfully into the landscape that it seems to be cocooned. It is adapted to the topography of the terrain, with an overwhelming view of the forest opening up from its floor-to-ceiling windows. The employees offer excellent guided tours through the forest for guests, who can admire delicate orchids by the wayside, look out for birds and monkeys, or fly through the treetops by cable car. Mashpi even has its own laboratory, providing information about research projects on which it cooperates with respected organizations and universities. The spa, too, is devoted to nature, pampering the skin with volcanic stones, essences of cocoa, and herbal oils, while the conspicuous yoga pavilion has a sweeping prospect of the reserve. ◆ Book to pack: "Bruna and Her Sisters in the Sleeping City" by Alicia Yánez Cossío

DIRECTIONS *At an altitude of 950 meters/3,117 feet. Transfer is organized from the big hotels in Quito to the lodge (3.5–4.5 hours' drive)* · **RATES** *$$$$, including transfer from Quito, full board, and most activities* · **ROOMS** *21 rooms and 3 suites* · **FOOD** *The restaurant with its panorama windows serves innovative Ecuadorean cuisine using organic ingredients. Exotic cocktails are mixed at the bar* · **HISTORY** *Since it opened in 2012, the lodge has been voted Ecuador's best ecological hotel several times* · **X-FACTOR** *A visionary project for the environment, research, and tourism*

MITTEN IN DER NATUR

Viele Ecuadorianer kennen Roque Sevilla als ehemaligen Bürgermeister von Quito und als erfolgreichen Geschäftsmann sowie engagierten Umweltschützer, dem die Natur seiner Heimat seit jeher am Herzen liegt. Nicht weit weg von Quito, in der Chocó-Region, wo sich Regen- und Nebelwald treffen, kaufte er 2001 ein von Rodungs- und Minenarbeiten bedrohtes Grundstück. Hier entstand auf rund 1000 Hektar das private Reservat Mashpi, das sich als wahrer Artenhotspot entpuppte – mit so vielen Tier- und Pflanzenarten, dass man sie kaum zählen kann. Einige von ihnen sind sogar endemisch, sie kommen also nirgendwo sonst auf der Welt vor. Für die modernistisch gestaltete Lodge wählte Roque Sevilla den Standort eines stillgelegten Sägewerks, sodass kein zusätzlicher Baum für den Bau gefällt werden musste. Das Gebäude aus vorfabrizierten Teilen und viel Glas, Stahl und Stein wurde so geschickt in die Landschaft gesetzt, dass diese den Bau wie ein Kokon umhüllt. Er passt sich der Topografie des Grundstücks an und eröffnet aus raumhohen Fenstern eine überwältigende Sicht auf den Wald. Durch diesen bieten Mitarbeiter hervorragende geführte Wanderungen an, man kann zarte Orchideen am Wegrand bewundern, nach Vögeln und Affen Ausschau halten oder mit einer Seilbahn zwischen den Baumkronen hindurchschweben. Sogar ein eigenes Labor gibt es auf dem Gelände, das über die Forschungsprojekte informiert, an denen Mashpi gemeinsam mit renommierten Organisationen und Universitäten arbeitet. Auch das Spa steht ganz im Zeichen der Natur – hier wird die Haut mit Vulkansteinen, Schlamm, Kakaoessenzen und Kräuterölen verwöhnt, und der exponierte Yogapavillon blickt weit über das Reservat. ◆ Buchtipp: „Am Ende des Regenwaldes" von Marion Achard

ANREISE *In 950 m Höhe gelegen, der Transfer von den großen Hotels in Quito zur Lodge wird organisiert (3,5–4,5 Fahrtstunden)* · **PREISE** *$$$$, inkl. Transfers ab Quito, Vollpension und den meisten Aktivitäten* · **ZIMMER** *21 Zimmer und 3 Suiten* · **KÜCHE** *Das Restaurant mit Panoramafenstern serviert innovative ecuadorianische Küche aus biologischen Zutaten. An der Bar gibt es exotische Cocktails* · **GESCHICHTE** *Seit ihrer Eröffnung 2012 wurde die Lodge schon mehrmals als Ecuadors bestes Ökohotel ausgezeichnet* · **X-FAKTOR** *Ein visionäres Umweltschutz-, Forschungs- und Tourismusprojekt*

EN PLEINE NATURE

Ancien maire de Quito et homme d'affaires prospère ainsi qu'écologiste passionné ayant toujours eu à cœur de protéger la nature de son pays, Roque Sevilla est connu de nombreux Équatoriens. En 2001, il a acheté un terrain menacé par des travaux de défrichage et d'exploitation minière non loin de Quito, dans la région du Chocó, là où la forêt tropicale et la forêt de nuage se rencontrent. C'est là qu'a été créée, sur près de 1 000 hectares, la réserve privée de Mashpi, qui s'est révélée un véritable point chaud de la biodiversité – les espèces animales et végétales y sont si nombreuses qu'il est difficile de les compter. Certaines d'entre elles sont même endémiques, c'est-à-dire qu'elles n'existent nulle part ailleurs. Roque Sevilla a choisi le site d'une scierie désaffectée pour y installer le lodge au design moderniste, de sorte qu'aucun arbre n'a dû être abattu pour le construire. Composé d'éléments préfabriqués et de beaucoup de verre, d'acier et de pierre, le bâtiment a été si habilement intégré dans le paysage que celui-ci l'enveloppe comme un cocon. Adapté à la topographie du terrain, il offre depuis ses vastes baies vitrées une vue impressionnante sur la forêt. D'excellentes randonnées guidées sont proposées à travers celle-ci, on peut admirer de délicates orchidées au bord du chemin, guetter les oiseaux et les singes ou se déplacer entre les cimes des arbres à l'aide d'une télécabine. Le site dispose même de son propre laboratoire qui informe sur les projets de recherche sur lesquels Mashpi travaille en collaboration avec des organisations et des universités renommées. Le spa est lui aussi placé sous le signe de la nature : la peau y est massée avec des pierres volcaniques, soignée avec de la boue, des essences de cacao et des huiles à base d'herbes ; quant au pavillon de yoga, bien exposé, il offre une vue imprenable sur la réserve. ◆ À lire : « Le peuple du chemin » de Marion Achard

ACCÈS *Situé à 950 m d'altitude ; le transfert des grands hôtels de Quito au lodge est organisé (3,5–4,5 h de route)* · **PRIX** *$$$$, transferts depuis Quito, pension complète et la plupart des activités inclus* · **CHAMBRES** *21 chambres et 3 suites* · **RESTAURATION** *Le restaurant aux fenêtres panoramiques sert une cuisine équatorienne innovante à base de produits bio. Le bar propose des cocktails exotiques* · **HISTOIRE** *Depuis son ouverture en 2012, le lodge a été élu plusieurs fois meilleur éco-hôtel d'Équateur* · **LES « PLUS »** *Un projet visionnaire de protection de l'environnement, de recherche et de tourisme*

HOTEL SAN PEDRO DE MAJAGUA

ISLA GRANDE

HOTEL SAN PEDRO DE MAJAGUA

Isla Grande, Parque Nacional Natural Corales del Rosario, Cartagena de Indias, Colombia
Tel. +57 5 693 0987 · reservas@hotelmajagua.com
hotelmajagua.com

A PALETTE OF COLORS

When the French painter Pierre Daguet arrived in Columbia in the 1950s and visited the Islas del Rosario, located south-west of Cartagena in the Caribbean Sea, he was so fascinated by the colors and light of these islands that he made them his adopted home and never returned permanently to France. He established his house and studio on Isla Grande and painted everything that he saw on the water, under water and on land: boats under full sail, gaudy swarms of fish, tropical plants, scenes in coastal villages, and women who look like glittering nymphs. The corners of paradise where he once set up his easel are now occupied by parasols, beach loungers, and surfboards, as the Hotel San Pedro de Majagua was built on this land after the painter's death – and named in honor of him and of the huge majagua trees, growing so close together that their crowns merge to form a green sky. The Columbian architectural practice Arias Serna Saravia designed the pretty cabanas in the style of the cottage that Daguet once occupied. With their thatched roofs they look as if long fringes of hair were tumbling into their faces. They are sparingly furnished and adorned with fabrics in Caribbean colors. You could sit here for hours, simply gazing into the natural surroundings and out to sea – but it is worth taking a break from your break to go on a snorkeling or diving expedition, as the crystal-clear waters of the Islas del Rosario are home to one of Columbia's most beautiful coral reefs. Right in front of the hotel lies a coral reef with a remarkable history: it has grown on the "botellas de Daguet," countless wine bottles that the artist drank in the course of his Caribbean years during rip-roaring parties with his friends, and submerged in the water. ◆ Book to pack: "The Book of Emma Reyes" by Emma Reyes

DIRECTIONS *The Islas del Rosario archipelago, a national park, lies off the north-west coast of Columbia. From the La Bodeguita pier in Cartagena, the boat to Isla Grande takes about 1 hour. The nearest international airport is in Cartagena* · **RATES** *$$* · **ROOMS** *8 rooms and 9 suites* · **FOOD** *The restaurant serves typical Caribbean dishes with an emphasis on fish, and the beach bar has cocktails and live music* · **HISTORY** *Pierre Daguet (1903–1980) came to Isla Grande in 1955, and the hotel on his estate was opened in the mid-1990s* · **X-FACTOR** *A truly picturesque spot*

EIN FARBENSPIEL

Als der französische Maler Pierre Daguet Anfang der 1950er nach Kolumbien kam und die Islas del Rosario besuchte, die südwestlich von Cartagena in der karibischen See liegen, faszinierten ihn die Farben und das Licht dieser Inseln so sehr, dass er sie zu seiner Wahlheimat machte und nie wieder dauerhaft nach Frankreich zurückkehrte. Auf der Isla Grande richtete er sein Haus und Atelier ein und malte alles, was er auf dem Wasser, unter Wasser und an Land sah – Segelschiffe in voller Fahrt, bunte Fischschwärme, tropische Pflanzen, Szenen in Küstendörfern und Frauen, die schillernden Nixen ähneln. An den paradiesischen Plätzen, an denen er einst seine Staffelei aufstellte, stehen heute Sonnenschirme, Strandliegen und Surfbretter, denn auf dem Grundstück ist nach seinem Tod das Hotel San Pedro de Majagua entstanden – benannt zu Ehren des Künstlers und der mächtigen Majagua-Bäume, die so dicht nebeneinander wachsen, dass ihre Kronen einen grünen Himmel bilden. Das kolumbianische Architekturbüro Arias Serna Saravia hat die hübschen Cabanas im Stil von Daguets ehemaligem Cottage gestaltet. Sie sehen mit ihren strohgedeckten Dächern so aus, als hingen ihnen überlange Ponyfransen ins Gesicht, sind puristisch eingerichtet und mit Stoffen in karibischen Farben geschmückt. Man könnte hier stundenlang sitzen und einfach nur in die Natur und aufs Meer schauen. Doch für einen Schnorchel- oder Tauchausflug lohnt sich eine Pause von der Pause, denn die Islas del Rosario hüten in ihrem kristallklaren Wasser eines der schönsten Korallenriffe Kolumbiens. Gleich vor dem Hotel lockt eine Korallenbank mit einer besonderen Geschichte: Sie ist auf den „botellas de Daguet" gewachsen, ungezählten Weinflaschen, die der Maler im Lauf seiner karibischen Jahre bei rauschenden Festen mit Freunden geleert und im Wasser versenkt hat. ◆ Buchtipp: „Das Buch der Emma Reyes" von Emma Reyes

ANREISE *Das Archipel der Islas del Rosario, das ein Nationalpark ist, liegt vor der Nordwestküste Kolumbiens. Von der Anlegestelle La Bodeguita in Cartagena erreicht man die Isla Grande mit dem Boot in ca. 1 Std. In der Stadt ist auch der nächste internationale Flughafen* · **PREISE** *$$* · **ZIMMER** *8 Zimmer und 9 Suiten* · **KÜCHE** *Im Restaurant gibt es typisch karibische Gerichte mit Schwerpunkt Fisch, an der Strandbar Cocktails und Livemusik* · **GESCHICHTE** *Pierre Daguet (1903–1980) kam 1955 auf die Isla Grande, das Hotel auf seinem Anwesen wurde Mitte der 1990er-Jahre eröffnet* · **X-FAKTOR** *Ein wahrlich malerischer Ort*

UNE SYMPHONIE DE COULEURS

Arrivé en Colombie au début des années 1950, le peintre français Pierre Daguet a visité les Islas del Rosario, les îles du Rosaire, au sud-ouest de Carthagène dans la mer des Caraïbes. Leurs couleurs et leur lumière l'ont fasciné à tel point qu'elles sont devenues sa patrie d'adoption – il n'a plus jamais séjourné longtemps en France. Il a installé sa maison et son atelier sur l'Isla Grande et peint tout ce qu'il voyait sur l'eau, sous l'eau et sur la terre – des voiliers en pleine course, des bancs de poissons chatoyants, la végétation tropicale, des scènes dans des villages de la côte et des femmes ressemblant à de lumineuses naïades. Aujourd'hui, des parasols, des transats de plage et des planches de surf occupent les endroits idylliques où il posait autrefois son chevalet, car l'Hotel San Pedro de Majagua a été construit sur le site après sa mort. Son nom est un hommage à l'artiste et aux majestueux arbres de Majagua qui poussent de manière si dense que leur cime forme un dôme de verdure. Le cabinet d'architectes colombien Arias Serna Saravia a conçu les jolies cabanas dans le style de l'ancien cottage de Daguet. Avec leurs toits recouverts de chaume qui leur donnent l'air d'avoir une frange trop longue sur le visage, elles sont meublées avec sobriété et décorées de tissus aux couleurs des Caraïbes. On pourrait s'asseoir ici pendant des heures et se contenter d'observer le ciel, la végétation et la mer, mais interrompre la pause contemplative pour une sortie snorkeling ou plongée en vaut la peine, car les Islas del Rosario abritent dans leurs eaux cristallines l'un des plus beaux récifs coralliens de Colombie. Juste devant l'hôtel, un banc de corail attire l'attention en raison de son histoire particulière : il a poussé sur les « botellas de Daguet », d'innombrables bouteilles de vin que le peintre a vidées et jetées à l'eau au cours de ses années caribéennes lors de fêtes bien arrosées avec des amis. ◆ À lire : « Lettres de mon enfance » d'Emma Reyes

ACCÈS *L'archipel des Islas del Rosario, qui est un parc national, est situé au large de la côte nord-ouest de la Colombie. Depuis l'embarcadère de La Bodeguita à Cartagena, on rejoint l'Isla Grande en bateau en 1 h environ. La ville abrite l'aéroport international le plus proche* · **PRIX** *$$* · **CHAMBRES** *8 chambres et 9 suites* · **RESTAURATION** *Le restaurant propose des plats typiques des Caraïbes, l'accent est mis sur le poisson. Le bar de la plage propose des cocktails et de la musique live* · **HISTOIRE** *Pierre Daguet (1903–1980) est arrivé sur l'Isla Grande en 1955, l'hôtel situé sur sa propriété a été ouvert au milieu des années 1990* · **LES « PLUS »** *Un endroit vraiment digne d'être peint*

COPA DE ÁRBOL

DRAKE BAY, OSA PENINSULA

COPA DE ÁRBOL

Drake Bay, Osa Peninsula, Costa Rica
Tel. +506 8935 1212 · info@copadearbol.com
copadearbol.com

NATURE, NOTHING ELSE

The Parque Nacional Corcovado on the Pacific coast of Costa Rica is regarded as one of the most fascinating national parks on the planet. This pristine, almost untouched rainforest covering much of the lonely Osa Peninsula is the habitat of rare animals such as the tapir and the Squirrel monkey – and so many more species of flora and fauna that National Geographic has named it the "most biologically intensive place on Earth." Visitors who love pure nature and wildlife, and have the spirit of researchers and explorers, are in their element here, and find the best accommodation at the gateway to the park in the Copa De Árbol: this rainforest resort lies on pretty Drake Bay, named after the explorer and buccaneer Sir Francis Drake, and is accessible only by boat. No traffic noise and no immediate neighbors, no shops and no sightseeing of any other kind distract guests from surroundings that are like paradise. An exotic Garden of Eden flourishes around the charming and luxurious cottages, all built from recycled materials and timber from replanted forests. It is hardly possible to get enough of the sights, sounds, and scents of the diverse plant and animal life. Flashes of blue ocean are glimpsed through the luxuriant greenery, as the beach, only a few paces away, is the starting point for snorkeling and diving trips, angling expeditions, and sailing tours into the sunset. Between August and November it is possible to spot whales and dolphins, and on lucky days both of these appear at the same time. ◆ Book to pack: "The Overstory" by Richard Powers

DIRECTIONS *From San José the best way to reach Drake Bay or Palmar is by light aircraft (40 minutes); from here, transfer to the resort is organized (15 minutes by car and 5 minutes/60 minutes respectively by boat)* · **RATES** *$$$–$$$$, incl. full board (without alcoholic drinks) and use of kayaks and paddleboards; minimum stay 3–4 nights* · **ROOMS** *9 cabinas for 2–4 persons; from early May until the end of November additionally 5 villas with kitchen for up to 5 persons* · **FOOD** *The isolated location means that Copa De Árbol is an all-inclusive resort: reservations include breakfast, lunch and dinner (excellent regional and international dishes, with vegetarian options); these are served in the "Miramar" open-air restaurant with its bar* · **HISTORY** *The owners have lived in the area for 25 years, and opened the resort in 2012* · **X-FACTOR** *The outstanding trips through the national park led by local guides*

NICHTS ALS NATUR

Der Parque Nacional Corcovado an Costa Ricas Pazifikküste gilt als einer der faszinierendsten Nationalparks weltweit. Der ursprüngliche und fast unberührte Regenwald bedeckt weite Teile der einsamen Halbinsel Osa, ist Heimat von seltenen Tieren wie dem Tapir oder dem Totenkopfaffen und von so vielen weiteren Arten der Flora und Fauna, dass ihn der National Geographic als den „biologisch intensivsten Platz der Erde" bezeichnete. Wer pure Natur und Wildlife liebt, Forscher- und Entdeckergeist besitzt, ist hier in seinem Element und wohnt am besten in diesem Regenwaldresort vor den Toren des Parks: Das Copa De Árbol liegt an der malerischen Drake Bay, die nach dem Freibeuter und Entdecker Sir Francis Drake benannt und nur per Boot erreichbar ist. Hier lenken kein Straßenlärm und keine direkten Nachbarn, keine Shops und keine Sehenswürdigkeiten von der paradiesischen Umgebung ab. Die charmant-luxuriösen Häuschen, alle aus Recyclingmaterialien und Hölzern aufgeforsteter Wälder erbaut, werden von einem exotischen Garten Eden umrankt. Man kann sich an der Vielfalt seiner Pflanzen, Geräusche und Gerüche kaum sattsehen, -hören und -riechen. Immer wieder blitzt das Blau des Ozeans durch sattes Grün, denn der Strand ist nur ein paar Schritte entfernt und Ausgangspunkt für Schnorchel- oder Tauchtouren, Angelausflüge und Segeltörns in den Sonnenuntergang. Zwischen August und November lassen sich an guten Tagen auch Wale sowie Delfine beobachten, und an besonders guten Tagen tauchen sie sogar zur gleichen Zeit auf.
◆ Buchtipp: „Die Wurzeln des Lebens" von Richard Powers

ANREISE *Von San José reist man am besten per Kleinflugzeug nach Drake Bay oder Palmar (40 min); von dort aus wird der Transfer zum Resort organisiert (15 min Autofahrt plus 5 bzw. 60 min Bootsfahrt)* · **PREISE** *$$$–$$$$, inkl. Vollpension (ohne alkoholische Getränke) sowie Nutzung von Kajaks und Paddleboards; Mindestaufenthalt 3–4 Nächte* · **ZIMMER** *9 Cabinas für 2–4 Personen; von Anfang Mai bis Ende November zusätzlich 5 Villen mit Küche für bis zu 5 Personen* · **KÜCHE** *Seine isolierte Lage macht das Copa De Árbol zum All-inclusive-Resort: In der Buchung enthalten sind Frühstück, Lunch und Dinner (sehr gute regionale und internationale Gerichte; auch vegetarische Optionen); serviert wird im Open-Air-Restaurant „Miramar" mit Bar* · **GESCHICHTE** *Die Besitzer leben seit mehr als 25 Jahren in der Gegend und eröffneten das Resort 2012* · **X-FAKTOR** *Die ausgezeichneten Ausflüge durch den Nationalpark unter der Leitung lokaler Guides*

LA NATURE ET RIEN D'AUTRE

Situé sur la côte pacifique du Costa Rica, le Parc national du Corcovado est considéré comme l'un des plus fascinants au monde. La forêt tropicale humide, presque intacte, recouvre une grande partie de la péninsule d'Osa et abrite des animaux rares comme le tapir ou le sapajou – et tant d'autres espèces animales et végétales que le National Geographic l'a qualifiée de « lieu le plus intense de la planète sur le plan biologique ». Ceux qui aiment la nature dans son expression la plus pure et la vie sauvage, ceux qui se sentent l'âme d'un explorateur, sont ici dans leur élément et séjournent de préférence au Copa De Árbol, un complexe hôtelier qui se dresse aux portes du parc. Situé dans la pittoresque baie de Drake, qui porte le nom de Sir Francis Drake, corsaire et explorateur, il n'est accessible que par bateau. Ici, loin des rues bruyantes et du voisinage, des boutiques et autres curiosités, rien ne détourne l'attention du cadre idyllique. Les maisonnettes charmantes et luxueuses, toutes construites à partir de matériaux recyclés et de bois de forêts reboisées, sont entourées d'un paradis exotique. On ne se lasse pas de regarder les plantes dans leur riche variété, d'entendre les bruits et les odeurs multiples. On voit à tout instant le bleu de l'océan scintiller à travers le vert intense de la végétation, car la plage n'est qu'à quelques pas et constitue le point de départ de tours de snorkeling ou de plongée, d'excursions de pêche et de croisières en voilier au coucher du soleil. Entre août et novembre, on peut aussi observer des baleines et des dauphins, et, si la chance nous sourit, même les voir faire surface en même temps.
◆ À lire : « L'arbre-monde » de Richard Powers

ACCÈS *Depuis San José, le plus simple est de prendre un petit avion à destination de Drake Bay ou Palmar (40 min); le transfert est ensuite organisé vers le complexe hôtelier (15 min en voiture plus 5 ou 60 min en bateau)* · **PRIX** *$$$–$$$$, pension complète incluse (sans boissons alcoolisées) et utilisation de kayaks et de planches à paddle incluses; séjour minimum de 3–4 nuits* · **CHAMBRES** *9 cabinas pour 2–4 personnes; de début mai à fin novembre, 5 villas supplémentaires avec cuisine pouvant abriter jusqu'à 5 personnes* · **RESTAURATION** *Formule « tout compris » vu que le complexe hôtelier est isolé: la réservation comprend le petit-déjeuner, le déjeuner et le dîner (excellents plats régionaux et internationaux; options végétariennes); le service est assuré dans le restaurant en plein air « Miramar » qui dispose d'un bar* · **HISTOIRE** *Les propriétaires vivent dans la région depuis plus de 25 ans et ont ouvert le complexe en 2012* · **LES « PLUS »** *Les excursions remarquables dans le parc national sous la direction de guides locaux*

NANTIPA

SANTA TERESA, NICOYA PENINSULA

NANTIPA

Santa Teresa, Puntarenas, Costa Rica
Tel. +506 2221 1204 & +506 2101 0222 · reservations@nantipa.com
nantipa.com

OFF INTO THE BLUE

On a summer afternoon in 2010, three friends, Harry, Luis and Meni, were sitting together and discussing where to take their next family vacation. A beautiful beach in their home country, Costa Rica, came to mind, and a small, luxurious hotel to go with it. There was a wide choice of stunning beaches, but finding accommodation to match was not so straightforward: whichever hotel they considered, it was either too large, too basic, or simply too far away from the sea. Then they hit upon the idea of building their favorite hotel themselves – not for the forthcoming vacation, as not enough time remained, but for many future opportunities. It was fortunate that Harry then owned a plot of land on the beach at Santa Teresa, and that Luis and Meni had been involved in the tourism business for decades. And so the Nantipa quickly took shape. Located on the Nicoya Peninsula, it harks back to the powerful Chorotega people that once lived here. The name of the hotel was borrowed from their resonant language (Nantipa means "blue") and the restaurant designed in the style of the Chorotegas' simple palm-roofed huts. The hotel aims to be authentic, to preserve the memory of an old territory and its culture, and at the same time to follow modern trends. Santa Teresa, once a fishing village, is an El Dorado for yogis, surfers, and gourmets today (it is said that the best seafood in Costa Rica is found here). All of these groups love Santa Teresa because it manages the trick of being sleepy and at the same time lively, remote and yet at the heart of things. Visitors to the Nantipa can have a wonderful wellness and active vacation, enjoy first-class dining, and at the bar might meet the owners to congratulate them over a drink on their brilliant idea back in 2010. ◆ Book to pack: "Assault on Paradise" by Tatiana Lobo

DIRECTIONS *From the international airport of San José by light aircraft to Tambor (20 minutes), and from there 45 minutes' drive to the hotel. Liberia airport is about 4 hours away by car* · **RATES** *$$$–$$$$* · **ROOMS** *21 suites, bungalows and villas for 2–6 guests each* · **FOOD** *The beach restaurant "Manzú" serves excellent fish and seafood cooked to Costa Rican recipes, and international dishes. The bar is famous for its sophisticated cocktails* · **HISTORY** *Opened in 2019. The two newest beach villas were completed in 2022* · **X-FACTOR** *Nicoya is one of the world's five "blue zones" in which, according to the American publicist Dan Buettner, people live longest and are happiest*

EINE REISE INS BLAUE

Es war an einem Sommernachmittag 2010, als die drei Freunde Harry, Luis und Meni zusammensaßen und beratschlagten, wo sie ihren nächsten gemeinsamen Familienurlaub verbringen sollten. Ein schöner Strand in ihrer Heimat Costa Rica schwebte ihnen vor und dazu ein kleines, luxuriöses Hotel. Die Auswahl an Traumstränden war groß, doch mit der passenden Unterkunft haperte es: Welches Hotel auch immer sie sich anschauten, es war zu groß, zu einfach oder zu weit weg vom Meer. Da kam ihnen die Idee, ihr Lieblingshotel selbst zu bauen – zwar nicht für diese Ferien, dafür war die Zeit zu kurz, aber für viele zukünftige. Es traf sich gut, dass Harry damals ein Grundstück am Strand von Santa Teresa besaß und Luis und Meni seit Jahrzehnten in der Tourismusbranche aktiv waren – so nahm das Nantipa rasch Gestalt an. Auf der Halbinsel Nicoya gelegen, erinnert es an das mächtige Volk der Chorotega, das einst hier lebte. Der Name des Hotels wurde seiner klangvollen Sprache entlehnt (Nantipa bedeutet „blau") und das Restaurant im Stil der schlichten, palmgedeckten Hütten der Chorotega gestaltet. Authentisch möchte das Haus sein, das Andenken an ein altes Land und seine Kultur bewahren und zugleich modernen Trends folgen. Das ehemalige Fischerdorf Santa Teresa ist heute ein Dorado für Yogi, Surfer und Gourmets (es soll hier das beste Seafood von Costa Rica geben). Sie alle lieben Santa Teresa dafür, dass es das Kunststück fertigbringt, zugleich verschlafen und lebhaft, entlegen und trotzdem mittendrin zu sein. So kann man auch im Nantipa wunderbaren Wellness- und Aktivurlaub machen, erstklassig essen und vielleicht an der Bar die Besitzer treffen, um ihnen bei einem Drink zu ihrer fabelhaften Idee im Jahr 2010 zu gratulieren. ◆ Buchtipp: „Hahnenbräute" von Tatiana Lobo

ANREISE *Vom internationalen Flughafen San José per Kleinflugzeug nach Tambor (20 min), von dort 45 Fahrtminuten bis zum Hotel. Der Airport Liberia ist ca. 4 Fahrtstunden entfernt* · **PREISE** *$$$–$$$$* · **ZIMMER** *21 Suiten, Bungalows und Villen für je 2–6 Personen* · **KÜCHE** *Das Strandrestaurant „Manzú" serviert exzellenten Fisch und Meeresfrüchte nach costa-ricanischen Rezepten sowie internationale Gerichte. Die Bar ist für ihre raffinierten Cocktails berühmt* · **GESCHICHTE** *2019 eröffnet. Die zwei jüngsten Strandvillen wurden 2022 fertiggestellt* · **X-FAKTOR** *Nicoya ist eine der fünf „Blue Zones" der Welt, in denen dem US-Publizisten Dan Buettner zufolge die Menschen am längsten leben und am glücklichsten sind*

LE BONHEUR EST BLEU

Au cours d'un après-midi d'été en 2010, les trois amis Harry, Luis et Meni étaient réunis et discutaient du lieu de leurs prochaines vacances en famille, pensant à une belle plage dans leur pays d'origine, le Costa Rica, et à un petit hôtel luxueux. Le choix de plages de rêve était vaste, mais l'hébergement adéquat posait problème : quel que soit l'hôtel pris en considération, il était trop grand, trop simple ou trop éloigné de la mer. Ils ont alors eu l'idée de construire eux-mêmes leur hôtel préféré – évidemment pas pour ces vacances, le temps était trop court, mais pour les nombreuses à venir. Harry possédait à l'époque un terrain sur la plage de Santa Teresa, ce qui tombait bien, et Luis et Meni travaillaient dans le secteur du tourisme depuis des décennies – c'est ainsi que le Nantipa a rapidement pris forme. Situé sur la péninsule de Nicoya, il rappelle les Chorotega, un peuple puissant qui y vivait autrefois. Le nom de l'hôtel a été emprunté à leur langue mélodieuse (Nantipa signifie « bleu ») et le restaurant a été conçu dans le style de leurs simples huttes au toit de palmes. L'établissement se veut authentique, préservant la mémoire d'un pays ancien et de sa culture tout en suivant les tendances modernes. L'ancien village de pêcheurs de Santa Teresa est aujourd'hui un eldorado pour les yogis, les surfeurs et les gourmets (on dit que c'est ici que l'on trouve les meilleurs poissons et fruits de mer du Costa Rica). Ils aiment tous Santa Teresa parce qu'elle réussit à être à la fois endormie et animée, isolée et pourtant au cœur de l'action. On peut donc aussi passer de merveilleuses vacances actives et de bien-être au Nantipa, faire des repas gastronomiques et peut-être rencontrer les propriétaires au bar pour les féliciter autour d'un verre d'avoir eu leur fabuleuse idée en 2010. ◆ À lire : « Le Paradis assiégé » de Tatiana Lobo

ACCÈS *De l'aéroport international de San José, un petit avion rejoint Tambor en 20 min, puis 45 min de route jusqu'à l'hôtel. L'aéroport de Liberia est à environ 4 h de route* · **PRIX** *$$$–$$$$* · **CHAMBRES** *21 suites, bungalows et villas pouvant accueillir 2–6 personnes chacun* · **RESTAURATION** *Le restaurant de plage « Manzú » sert d'excellents plats de poisson et fruits de mer préparés selon des recettes costariciennes ainsi que des plats internationaux. Le bar est réputé pour ses cocktails raffinés* · **HISTOIRE** *Ouvert en 2019. Les deux villas de plage les plus récentes ont été achevées en 2022* · **LES « PLUS »** *Nicoya est l'une des cinq « zones bleues » du monde où, selon le journaliste américain Dan Buettner, les gens vivent le plus longtemps et sont les plus heureux*

NAYARA TENTED CAMP

LA FORTUNA, ALAJUELA

NAYARA TENTED CAMP

La Fortuna de San Carlos, Alajuela, Costa Rica
Tel. +506 2479 1600 · reservations@nayararesorts.com
nayaratentedcamp.com

A TENT WITH A VIEW

They are the best possible role models for a relaxed vacation: the sloths of Costa Rica, moving in slow motion, preferring to hang in the trees all day long, looking with their round faces and snub noses as if they are smiling all the time. To protect them and to preserve their habitat, the hotelier Leo Ghitis planted the land around this camp with more than 1,000 trees of the Cecropia genus, whose leaves the sloths most like to eat. He also employed his own sloth concierge, who helps guests to track down their rare fellow-inhabitants and teaches them all about the animals and their environment, a picturesque tropical landscape. Here in the north of Costa Rica, the huge and still active volcano Arenal, which has not endangered the area since 2010, rises above the rainforest, lakes, and rivers. Guests get a front-row view of the perfectly formed cone of Arenal from the tent suites at Nayara, which have been installed between the trees on a slope opposite the volcano, combining an African safari feeling with South American style. Botanical motifs adorn the wall behind the bed, while the amenities outside consist of a shower screened by bamboo, a hammock, and a plunge pool fed by hot mineral springs. The morning yoga class is a fixed part of every booking, and the spa embedded in greenery is a further source of wellness. There, in the open-air pavilion, guests can treat themselves to peeling with coffee beans or a volcanic mud-pack, while listening to the sounds of the rainforest. After this, not even a sloth could be more relaxed. ◆ Book to pack: "Única Looking at the Sea" by Fernando Contreras Castro

DIRECTIONS *The camp is located 10 minutes by car from La Fortuna and shares the site with two hotels, the Nayara Gardens and Nayara Springs. The nearest international airports are Alajuela (2.5 hours' drive) and Liberia (3 hours' drive)* · **RATES** *$$$$* · **ROOMS** *21 tent suites, each for up to 6 guests* · **FOOD** *Breakfast is served on the camp terrace, lunch and dinner in the sister hotels, whose restaurants cook Costa Rican and Asian food, as well as international classic dishes* · **HISTORY** *Opened in 2019, one of the first luxury camps in Latin America* · **X-FACTOR** *Wonderful trips to the nearby national park*

ZELT MIT AUSSICHT

Sie sind die besten Vorbilder für einen entspannten Urlaub: die Faultiere von Costa Rica, die sich wie in Zeitlupe bewegen, gern den ganzen Tag in den Bäumen hängen und mit ihrem runden Gesicht und ihrer Stupsnase so aussehen, als würden sie immerzu lächeln. Um sie zu schützen und ihren Lebensraum zu bewahren, ließ der Hotelier Leo Ghitis auf dem Gelände rund um dieses Camp schon mehr als 1000 Ameisenbäume pflanzen, von deren Blättern sich die Faultiere am liebsten ernähren. Einen eigenen Faultier-Concierge engagierte er auch, mit dessen Hilfe die Gäste ihre seltenen Mitbewohner aufspüren können und dabei viel Wissenswertes über die Tiere und ihre Heimat, eine tropische und malerische Landschaft, lernen. Hier, im Norden von Costa Rica, werden Regenwald, Seen und Flüsse vom Arenal, einem mächtigen, noch immer aktiven Vulkan, überragt, von dem aber seit 2010 keine Gefahr mehr ausgegangen ist. Einen wahren Logenblick auf den perfekt geformten Kegel des Arenal eröffnen die Zeltsuiten des Nayara, die an einem gegenüberliegenden Hang zwischen den Bäumen stehen und afrikanisches Safariflair mit südamerikanischem Stil verbinden. So zieren botanische Motive die Wand hinter dem Bett, und draußen locken eine von Bambuswänden geschützte Außendusche, eine Hängematte sowie ein Tauchpool, der von heißen Mineralquellen gespeist wird. Die morgendliche Yogaklasse ist fester Bestandteil jeder Buchung, und das in Grün eingebettete Spa verspricht noch mehr Wellness. Dort gönnt man sich im Open-Air-Pavillon am besten ein Peeling mit Kaffeebohnen oder eine Maske mit Vulkanschlamm und lauscht dabei den Geräuschen des Regenwaldes. Entspannter kann hinterher selbst ein Faultier nicht sein. ◆ Buchtipp: „Única blickt aufs Meer" von Fernando Contreras Castro

ANREISE *Das Camp liegt 10 Fahrtminuten von La Fortuna entfernt und teilt sich das Gelände mit den Hotels Nayara Gardens und Nayara Springs. Die nächsten internationalen Flughäfen sind Alajuela (2,5 Fahrtstunden) und Liberia (3 Fahrtstunden)* · **PREISE** *$$$$* · **ZIMMER** *21 Zeltsuiten, jede für bis zu 6 Personen* · **KÜCHE** *Frühstück wird auf der eigenen Terrasse serviert, Lunch und Dinner in den Schwesterhotels, deren Restaurants Gerichte aus Costa Rica und Asien sowie internationale Klassiker anbieten* · **GESCHICHTE** *Ende 2019 als eines der ersten Luxuscamps in Lateinamerika eröffnet* · **X-FAKTOR** *Ausgezeichnete Ausflüge in den nahen Nationalpark*

TENTE AVEC VUE

Les paresseux du Costa Rica, qui se déplacent comme au ralenti, aiment rester suspendus dans les arbres toute la journée et donnent l'impression de sourire sans cesse avec leur face ronde et leur nez retroussé, nous montrent comment devraient être des vacances détendues. Afin de les protéger et de préserver leur habitat, l'hôtelier Leo Ghitis a déjà fait planter sur le terrain entourant ce camp plus de 1 000 cecropias dont les feuilles sont la nourriture préférée des paresseux. Il a aussi engagé spécialement un concierge d'hôtel qui veille à ce que les hôtes puissent localiser ces animaux rares et apprendre beaucoup de choses intéressantes sur eux et sur leur habitat, un environnement tropical et pittoresque. Ici, dans le nord du Costa Rica, la forêt tropicale, les lacs et les rivières sont dominés par l'Arenal, un puissant volcan toujours actif, mais qui n'est plus entré en éruption depuis 2010. Situées en face, sur une pente entre les arbres, les tentes du Nayara offrent une vue imprenable sur le cône parfaitement formé de l'Arenal et allient l'ambiance d'un safari africain au style sud-américain. Des motifs botaniques ornent ainsi le mur derrière le lit et, à l'extérieur, une douche protégée par des cloisons en bambou, un hamac ainsi qu'une piscine de plongée alimentée par des sources minérales chaudes attirent les visiteurs. Le cours de yoga matinal fait partie intégrante de toute réservation et le spa, niché dans la verdure, promet encore plus de bien-être. Dans le pavillon en plein air, on s'y offre de préférence un gommage aux grains de café ou un masque à la boue volcanique, tout en écoutant les rumeurs de la forêt tropicale. Même un paresseux ne peut pas être plus détendu après cela. ◆ À lire : « Oro » de Cizia Zykë

ACCÈS *Le camp est situé à 10 min en voiture de La Fortuna et partage le terrain avec les hôtels Nayara Gardens et Nayara Springs. Les aéroports internationaux les plus proches sont Alajuela (2,5 h de route) et Liberia (3 h de route)* · **PRIX** *$$$$* · **CHAMBRES** *21 tentes de luxe, chacune pouvant accueillir jusqu'à 6 personnes* · **RESTAURATION** *Le petit-déjeuner est servi sur la terrasse de l'hôtel, le déjeuner et le dîner dans les hôtels associés, dont les restaurants proposent des plats du Costa Rica et d'Asie ainsi que des classiques internationaux* · **HISTOIRE** *Ouvert fin 2019; un des premiers campings de luxe en Amérique latine* · **LES « PLUS »** *De très belles excursions dans le parc national tout proche*

MORGAN'S ROCK

SAN JUAN DEL SUR

MORGAN'S ROCK

Playa Ocotal, San Juan del Sur, Rivas, Nicaragua
Tel. +505 8988 7176 & +505 7833 7600 · reservations@morgansrock.com
morgansrock.com

TURTLE BAY

Guests at this lodge often ask to be woken up in the middle of the night. This sounds strange at first, and not really like a vacation, but there is a good reason for it. At night, during the turtle season from June to January, with a little luck they can watch sea turtles on the beach: females burying their eggs in the sand or young ones that hatch about fifty days later, crawl to the sea in their dozens, and swim away. Morgan's Rock has made a commitment to protecting this endangered species and to protecting nature on the Pacific Coast of Nicaragua. Almost half of the 4,000 acres of land that belong to the hotel is a private reserve in which the owners have reforested the jungle by planting hundreds of thousands of trees. They also run a hacienda here, a farm with cows and hens, fruit trees and vegetable fields, and even a shrimp farm. In this way, the hotel restaurant can be supplied with fresh organic products that have only traveled a short distance. The bungalows and villas of the lodge, too, were inspired by the unique environment. The architect Matthew Falkiner placed them in the middle of the greenery as inconspicuously as possible, constructed the buildings from sustainably produced tropical timber and roofed with palm fronds, and thought up extras such as plunge pools and day beds that hang from the ceiling like huge swings. Guests can experience the forest and the stunning bay of Playa Ocotal while hiking and enjoying water sports, can look out for cheeky capuchin monkeys, paddle boats through mangrove swamps, try their hand at angling or simply sail off into the sunset. Back in the hotel they should not, however, go to bed too late: it is always possible that they will have to – or rather want to – get up again in the night. ◆ Book to pack: "The Heavens Weep for Me" by Sergio Ramirez

DIRECTIONS *On the Pacific Coast in the south of Nicaragua, 3 hours by car from the airports in Managua and Liberia (Costa Rica)* · **RATES** *$$$$, including half board* · **ROOMS** *15 bungalows and 3 villas with 2 bedrooms each* · **FOOD** *Fine dishes from Nicaragua and the whole world in a restaurant with an ocean view and a bar; home-made tortillas and gallo pinto (rice and beans) in the farmhouse* · **HISTORY** *Opened in 2004 in one of the largest private nature reserves of the region* · **X-FACTOR** *On the hacienda guests can help with milking, collecting eggs, and harvesting, learning a lot about organic agriculture*

DIE BUCHT DER SCHILDKRÖTEN

In dieser Lodge bitten die Gäste oft darum, mitten in der Nacht geweckt zu werden. Das klingt zunächst seltsam und nicht wirklich nach Urlaub, hat aber einen guten Grund. Nachts kann man während der Schildkrötensaison von Juni bis Januar mit etwas Glück Meeresschildkröten am Strand beobachten – Muttertiere, die ihre Eier im Sand vergraben, oder Junge, die rund 50 Tage später nach dem Schlüpfen zu Dutzenden ins Meer laufen und davonschwimmen. Morgan's Rock hat sich dem Schutz dieser vom Aussterben bedrohten Art sowie dem Schutz der Natur an der Pazifikküste Nicaraguas verschrieben. Fast die Hälfte des 1600 Hektar großen Hotelgrundstücks ist ein Privatreservat, in dem die Besitzer den Dschungel schon mit Hunderttausenden Bäumen aufgeforstet haben. Auch eine Hazienda führen sie hier, einen Bauernhof mit Kühen und Hühnern, Obst- und Gemüsefeldern und sogar einer Garnelenfarm. So kann das eigene Restaurant auf kurzem Weg mit frischen Bioprodukten beliefert werden. Von der einzigartigen Umgebung sind auch die Bungalows und Villen der Lodge inspiriert. Der Architekt Matthew Falkiner setzte sie so unauffällig wie möglich mitten in die Vegetation, ließ die Häuser aus nachhaltig gewonnenen Tropenhölzern bauen und mit Palmwedeln decken und erdachte Extras wie Tauchpools oder Daybeds, die wie riesige Schaukeln an der Decke hängen. Man kann den Wald und die Traumbucht der Playa Ocotal bei Wanderungen und beim Wassersport erleben, nach frechen Kapuzineräffchen Ausschau halten, durch Mangrovenwälder paddeln, sich im Sportfischen versuchen oder einfach nur in den Sonnenuntergang segeln. Zurück im Hotel sollte man allerdings nicht zu spät schlafen gehen – es kann ja sein, dass man mitten in der Nacht schon wieder aufstehen muss oder, besser gesagt, will.
♦ Buchtipp: „Der Himmel weint um mich" von Sergio Ramirez

ANREISE *An der Pazifikküste im Süden von Nicaragua gelegen, je 3 Fahrtstunden von den Flughäfen in Managua und Liberia (Costa Rica) entfernt ·* **PREISE** *$$$$, inkl. Halbpension ·* **ZIMMER** *15 Bungalows und 3 Villen mit je 2 Schlafzimmern ·* **KÜCHE** *Feines aus Nicaragua und aller Welt im Restaurant mit Meerblick und Bar; hausgemachte Tortillas und Gallo Pinto (Reis und Bohnen) im Farmhaus ·* **GESCHICHTE** *2004 in einem der größten privaten Schutzgebiete der Region eröffnet ·* **X-FAKTOR** *Auf der Hazienda können Gäste beim Melken, Eiersammeln und Ernten helfen und viel über ökologische Landwirtschaft lernen*

LA BAIE DES TORTUES

Ici, les hôtes demandent souvent à être réveillés au milieu de la nuit, ce qui peut sembler étrange quand on est en vacances – mais ils ont une excellente raison de le faire. La nuit, pendant la saison des tortues, de juin à janvier, il est possible, avec un peu de chance, d'observer des tortues de mer sur la plage – des mères qui enfouissent leurs œufs dans le sable ou des petits qui, une cinquantaine de jours après l'éclosion, courent par dizaines vers la mer et s'en vont à la nage. Morgan's Rock s'est engagé à protéger cette espèce menacée d'extinction ainsi que la nature du littoral Pacifique du Nicaragua. Près de la moitié des 1 600 hectares de l'hôtel est une réserve privée, dont les propriétaires ont déjà reboisé la jungle avec des centaines de milliers d'arbres. Ils gèrent également une hacienda, une ferme élevant des vaches et des poulets, des champs de fruits et légumes et même une ferme d'élevage de crevettes, ce qui leur permet d'approvisionner directement leur restaurant en produits bio frais. Les bungalows et les villas du lodge sont également inspirés par cet environnement unique. L'architecte Matthew Falkiner les a placés le plus discrètement possible au milieu de la végétation, a fait construire les maisons en bois tropical issu d'une exploitation durable et les a fait recouvrir de feuilles de palmier ; il a imaginé des extras comme des piscines de plongée ou des daybeds suspendus au plafond comme des balançoires géantes. On peut découvrir la forêt et la baie paradisiaque de Playa Ocotal en faisant des randonnées et des sports nautiques, guetter les audacieux singes capucins, pagayer à travers les mangroves, s'essayer à la pêche sportive ou tout simplement naviguer vers le soleil couchant. De retour à l'hôtel, il n'est pas question de se coucher tard – il se peut que l'on doive, ou plutôt que l'on veuille, se lever au milieu de la nuit.
♦ À lire : « Il pleut sur Managua » de Sergio Ramirez

ACCÈS *Situé sur la côte Pacifique au sud du Nicaragua, à 3 h de route des aéroports de Managua et de Liberia (Costa Rica) ·* **PRIX** *$$$$, demi-pension incluse ·* **CHAMBRES** *15 bungalows et 3 villas abritant 2 chambres à coucher chacun ·* **RESTAURATION** *Cuisine nicaraguayenne et internationale raffinée au restaurant offrant une vue sur la mer et au bar ; tortillas et gallo pinto (riz et haricots) faits maison à la ferme ·* **HISTOIRE** *Ouvert en 2004 dans l'une des plus grandes aires protégées privées de la région ·* **LES « PLUS »** *À l'hacienda, les hôtes peuvent participer à la traite, au ramassage des œufs et à la récolte, et approfondir leurs connaissances sur l'agriculture biologique*

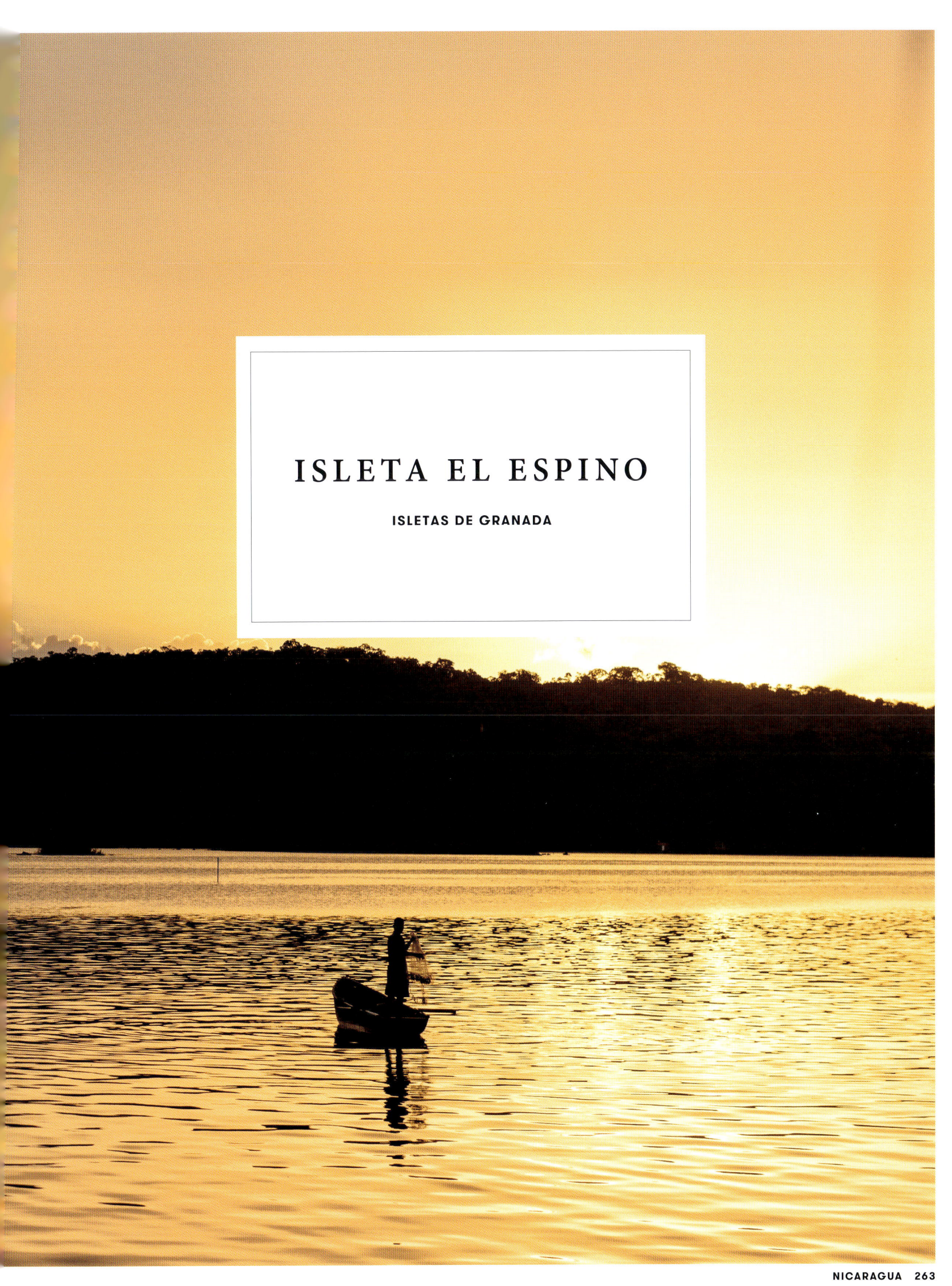

ISLETA EL ESPINO

ISLETAS DE GRANADA

ISLETA EL ESPINO

Isletas de Granada, Granada, Nicaragua
Tel. +505 7636 0060 · info@isletaelespino.com
isletaelespino.com

A PRIVATE PARADISE

Kristin and Andrew Werner, a brother and sister from the United States, really only wanted to spend a few days' holiday on Lake Nicaragua. But they enjoyed themselves so much on the Cocibolca ("the sweet lake," as the locals call it), that they spontaneously decided to buy one of the little islands off Granada and open an ecolodge. Andrew was an experienced entrepreneur and a passionate environmentalist, while Kristin was familiar with project management and had a good sense for design – and that is how this piece of private paradise came into being on the islet of El Espino. The hotel was built simply and sustainably from organic materials and decorated with local craftwork. It has a mere five places to stay: the casitas, low down beneath dense vegetation, and the treehouses aloft in the crowns of the mango trees. It takes little more than a bed with a mosquito net, a shower, and a hammock or rocking chair to be happy here. In place of air conditioning there is a ceiling fan, instead of television a view of the natural surroundings: the outlook on the lake and neighboring islands is balm for the soul, whether viewed from the guest's own veranda, from the pool, or from the yoga pavilion. The luxuriantly green Isletas de Granada were created, by the way, through eruptions of the Mombacho volcano, and many of the more than 350 islands are still uninhabited. Visitors who paddle a kayak through this watery world might indulge in some tempting thoughts … would it be a good idea to own an island, like Kristin and Andrew? ◆
Book to pack: "The Country under My Skin" by Gioconda Belli

DIRECTIONS *From the international airport in Managua, the drive to Granada takes 1–1.5 hours. The boat to the lodge leaves from Marina Cocibolca, 10 minutes outside the city center, and takes 10 minutes to cross to the island* · **RATES** *$–$$* · **ROOMS** *1 bungalow, 2 casitas, 2 rooms in treehouses* · **FOOD** *Fresh meals with island ingredients: fish from the lake, vegetables from the organic garden, and eggs from the lodge's own hens. For dessert, home-made chocolate is served* · **HISTORY** *The owners bought the island in 2007 and opened the lodge in 2015* · **X-FACTOR** *A walk near the Mombacho volcano, passing through coffee plantations and misty forests with exotic flora and fauna*

EIN PRIVATES PARADIES

Eigentlich wollten Kristin und Andrew Werner am Nicaraguasee nur ein paar Tage Urlaub machen. Doch dann gefiel es den amerikanischen Geschwistern so gut am Cocibolca („süßes Meer", wie die Einheimischen auch sagen), dass sie spontan beschlossen, eine der kleinen Inseln vor Granada zu kaufen und eine Ökolodge zu eröffnen. Andrew war erfahrener Unternehmer und passionierter Umweltschützer, Kristin kannte sich im Projektmanagement aus und hatte ein gutes Auge für Design – und so entstand auf dem Eiland El Espino dieses private Stück vom Paradies. Das Hotel ist nachhaltig und schlicht aus organischem Material erbaut und mit lokalem Kunsthandwerk dekoriert. Es besitzt gerade einmal fünf Unterkünfte: Die Casitas ducken sich unter dichtem Grün, und die Baumhäuser thronen in den Kronen der Mangobäume. Viel mehr als ein Bett mit Moskitonetz, eine Dusche und eine Hängematte oder einen Schaukelstuhl braucht es hier nicht, um glücklich zu sein. Ein Deckenventilator ersetzt die Klimaanlage und der Blick in die Natur den Fernseher: Die Sicht auf den See und die Nachbarinseln ist Balsam für die Seele, ob von der eigenen Veranda, vom Pool oder Yogapavillon aus. Entstanden sind die mehr als 350 üppig bewachsenen Isletas de Granada übrigens bei Ausbrüchen des Vulkans Mombacho, und viele von ihnen sind noch immer unbewohnt. Wer im Kajak durch diese Wasserwelt paddelt, leistet sich vielleicht ein verlockendes Gedankenspiel … wäre es nicht eine Überlegung wert, wie Kristin und Andrew zum Inselbesitzer zu werden? ◆ Buchtipp: „Tochter des Vulkans" von Gioconda Belli

ANREISE *Vom internationalen Flughafen Managua aus erreicht man Granada in 1–1,5 Fahrtstunden. Das Boot zur Lodge legt in Marina Cocibolca 10 min außerhalb des Zentrums ab, die Überfahrt dauert weitere 10 min ·* **PREISE** *$–$$ ·* **ZIMMER** *1 Bungalow, 2 Casitas, 2 Zimmer in Baumhäusern ·* **KÜCHE** *Frische Inselküche mit Fisch aus dem See, Gemüse aus dem Biogarten und Eiern von den eigenen Hühnern. Zum Dessert gibt es hausgemachte Schokolade ·* **GESCHICHTE** *Die Besitzer erwarben die Insel 2007 und eröffneten die Lodge 2015 ·* **X-FAKTOR** *Eine Wanderung am Vulkan Mombacho, die durch Kaffeeplantagen und einen Nebelwald mit exotischer Flora und Fauna führt*

UN PARADIS PRIVÉ

Au départ, Kristin et Andrew Werner ne voulaient passer que quelques jours de vacances au bord du lac Nicaragua. Mais ces Américains, frère et sœur, ont tellement aimé la Cocibolca (« mer douce », comme disent aussi les locaux) qu'ils ont décidé spontanément d'acheter l'une des petites îles au large de Granada et d'y ouvrir un écolodge. Andrew était un entrepreneur expérimenté et un écologiste passionné, Kristin avait de l'expérience en gestion de projet et un sens aiguisé du design – et c'est ainsi que ce petit coin de paradis privé a vu le jour sur l'île d'El Espino. L'hôtel est construit de manière durable et sobre à l'aide de matériaux organiques, et il est décoré avec des objets fabriqués par les artisans locaux. Il ne compte que cinq logements : les casitas sont dissimulées sous une végétation dense, et les cabanes dans les arbres trônent au sommet des manguiers. Il suffit d'un lit avec moustiquaire, d'une douche et d'un hamac ou d'une chaise à bascule pour être heureux ici. Un ventilateur de plafond remplace la climatisation et la vue sur la nature environnante tient lieu de télévision : observer le lac et les îles voisines de sa véranda, de la piscine ou du pavillon de yoga met du baume à l'âme. Au fait : les plus de 360 îlots à la végétation luxuriante de Granada se sont formés lors d'éruptions du volcan Mombacho, et nombre d'entre eux sont encore inhabités. Et on se prend à rêver en pagayant en kayak à travers ce monde aquatique… ne pourrait-on envisager de devenir propriétaire de l'un d'eux, comme Kristin et Andrew ? ◆ À lire : « L'infini dans la paume de la main » de Gioconda Belli

ACCÈS *Granada est à 1–1,5 h de route de l'aéroport international de Managua. Le bateau pour le lodge part de Marina Cocibolca à 10 min en dehors du centre, la traversée dure encore 10 min ·* **PRIX** *$–$$ ·* **CHAMBRES** *1 bungalow, 2 casitas, 2 chambres dans des cabanes dans les arbres ·* **RESTAURATION** *Cuisine insulaire à base de produits frais : poisson du lac, légumes du jardin bio et œufs des poules élevées sur place. En dessert, « chocolate de la casa » ·* **HISTOIRE** *Les propriétaires ont acquis l'île en 2007 et ont ouvert le lodge en 2015 ·* **LES « PLUS »** *Une randonnée au volcan Mombacho, qui traverse des plantations de café et une forêt de nuage à la faune et la flore exotiques*

TRIBAL HOTEL

GRANADA

TRIBAL HOTEL

Calle Cuiscoma, De la Gaviotta media cuadra al lago, Granada, Nicaragua
Tel. +505 7717 1843 · info@tribal-hotel.com
tribal-hotel.com

A KALEIDOSCOPE OF CULTURES

For many years, Jean-Marc Houmard's world was the restaurant scene in New York: at the famous "Indochine," all the big names in art, fashion, and music – Andy Warhol and Julian Schnabel, Diane von Fürstenberg and Anna Wintour, Madonna and Mick Jagger – were his guests from the 1980s onwards. Then he moved from North America to Nicaragua, however, swapping the skyscrapers of Manhattan for the colonial architecture of Granada, and life in the fast lane for a creative break. With his friend and business partner Yvan Cussigh he bought a house in a quiet location and began to turn it into a hotel. Unconventional and individual was how he envisioned the Tribal, with privacy, eclectic design, and a bohemian atmosphere. Entirely without an architect or interior designer, the two owners set about their task. In months of work they conceived every piece of furniture and many accessories themselves, before having them made by craft workers in Granada and its area. The metal chairs in a mid-century look were made in the forge of a local smith, the solid wooden tables in the country, and the ceramics along with hand-painted tiles item by item in small studios. For the floor tiles in the lobby, Houmard and Cussigh took inspiration from bourgeois residences in Paris, while the tiles in the pool imitate the iconic wave pattern of the sidewalks of the Copacabana. As reminiscences of the owners' past travels, there are carpets from Turkey and Morocco, fabrics from Kenya and Ghana, and decorative objects from India and Thailand. Each of the seven rooms has become a work of art for living in, the courtyard a tropical oasis. This is a destination to dream of that fears no comparison – not even with a star like New York. ◆ Book to pack: "Pura Vida" by Patrick Deville

DIRECTIONS *The hotel is situated only two blocks from the center of Granada. The driving time to the international airport of Managua is 50 minutes* · **RATES** *$–$$* · **ROOMS** *5 rooms and 2 suites* · **FOOD** *Breakfast is served on the private terraces of the rooms. During the day and in the evening, there are drinks and snacks by the pool* · **HISTORY** *Opened in May 2014. Since then, the owners have remodeled several villas in the neighborhood, which are available to rent or buy* · **X-FACTOR** *An imaginatively curated, cosmopolitan address*

KALEIDOSKOP DER KULTUREN

Lange Jahre war die New Yorker Restaurantszene die Welt von Jean-Marc Houmard: Im berühmten „Indochine" hatte er seit Mitte der 1980er alle zu Gast, die in der Kunst-, Mode- oder Musikszene Rang und Namen hatten – Andy Warhol und Julian Schnabel, Diane von Fürstenberg und Anna Wintour, Madonna und Mick Jagger. Doch dann zog er von Nordamerika nach Nicaragua, tauschte die Wolkenkratzer von Manhattan gegen die Kolonialarchitektur von Granada und das Leben auf der Überholspur gegen eine kreative Pause. Gemeinsam mit seinem Freund und Geschäftspartner Yvan Cussigh kaufte er ein ruhig gelegenes Haus und begann, es in ein Hotel zu verwandeln. Unkonventionell und individuell sollte das Tribal werden, mit privatem Ambiente, eklektischem Design und einem Boheme-Flair. Ganz ohne Architekt oder Innenausstatter gingen die beiden Besitzer ans Werk und erdachten in monatelanger Arbeit jedes Möbelstück und viele Accessoires selbst, ehe diese von Handwerkern in Granada und Umgebung hergestellt wurden. So entstanden die Metallstühle im Mid-Century-Look in der Werkstatt eines lokalen Schmieds, die massiven Holztische in Schreinereien auf dem Land und die Keramikwaren sowie handbemalten Fliesen Stück für Stück in kleinen Ateliers. Für die Bodenfliesen in der Lobby ließen sich Houmard und Cussigh von bourgeoisen Residenzen in Paris inspirieren, und die Poolfliesen zeichnen das ikonische Wellenmuster der Bürgersteige der Copacabana nach. An vergangene Reisen der Eigentümer erinnern auch die Teppiche aus der Türkei und Marokko, Stoffe aus Kenia und Ghana und Dekorationsobjekte aus Indien und Thailand. Jedes der sieben Zimmer ist ein bewohnbares Kunstwerk geworden und der Innenhof eine tropische Oase. Dieses Traumziel muss sich selbst vor einem Star wie New York nicht verstecken. ◆ Buchtipp: „Pura Vida" von Patrick Deville

ANREISE *Das Hotel liegt nur zwei Straßenblöcke vom Zentrum Granadas entfernt. Zum internationalen Flughafen von Managua fährt man 50 min ·* **PREISE** *$–$$ ·* **ZIMMER** *5 Zimmer und 2 Suiten ·* **KÜCHE** *Frühstück wird auf den Privatterrassen der Zimmer serviert, tagsüber und abends gibt es am Pool Getränke und Snacks ·* **GESCHICHTE** *Im Mai 2014 eröffnet. Inzwischen haben die Besitzer auch mehrere Villen in der Nachbarschaft umgestaltet, die zur Miete oder zum Verkauf stehen ·* **X-FAKTOR** *Eine fantasievoll kuratierte, kosmopolitische Adresse*

UN CALÉIDOSCOPE DES CULTURES

Pendant de longues années, la scène gastronomique new-yorkaise a été l'univers de Jean-Marc Houmard : dans son célèbre restaurant « Indochine », il a accueilli depuis le milieu des années 1980 tous ceux qui comptaient dans le monde de l'art, de la mode ou de la musique – Andy Warhol et Julian Schnabel, Diane von Fürstenberg et Anna Wintour, Madonna et Mick Jagger. Et puis il a quitté l'Amérique du Nord pour le Nicaragua, troquant les gratte-ciels de Manhattan contre l'architecture coloniale de Granada et la vie à 200 à l'heure contre une pause créative. Avec Yvan Cussigh, son ami et partenaire commercial, il a acheté une maison au calme et a commencé à la transformer en hôtel. Le Tribal devait être non conventionnel et individuel, posséder une ambiance privée, un design éclectique et une touche bohème. Sans architecte ni décorateur, les deux propriétaires se sont mis au travail et ont passé des mois à imaginer eux-mêmes chaque meuble et de nombreux accessoires avant de les faire fabriquer par des artisans de Granada et des environs. C'est ainsi que les chaises métalliques au look Mid-century ont été créées dans l'atelier d'un forgeron local, les tables en bois massif dans des menuiseries à la campagne et les céramiques et carreaux peints à la main, pièce par pièce, dans de petits ateliers. Pour les carreaux de sol du lobby, Houmard et Cussigh se sont inspirés des résidences bourgeoises de Paris, et les carreaux de la piscine reproduisent le motif ondulé emblématique des trottoirs de Copacabana. Les tapis de Turquie et du Maroc, les tissus du Kenya et du Ghana et les objets de décoration d'Inde et de Thaïlande rappellent aussi les voyages passés des propriétaires. Chacune des sept chambres est devenue une œuvre d'art habitable et la cour intérieure une oasis tropicale. Cette destination de rêve n'a pas à rougir, même devant une star comme New York. ◆ À lire : « Pura Vida. Vie et mort de William Walker » de Patrick Deville

ACCÈS *L'hôtel est situé à seulement deux pâtés de maisons du centre de Granada. L'aéroport international de Managua est à 50 min de route ·* **PRIX** *$–$$ ·* **CHAMBRES** *5 chambres et 2 suites ·* **RESTAURATION** *Petit-déjeuner servi sur les terrasses privées des chambres, boissons et snacks au bord de la piscine pendant la journée et le soir ·* **HISTOIRE** *Ouvert en mai 2014. Les propriétaires ont depuis réaménagé plusieurs villas du quartier, qui sont disponibles à la location ou à la vente ·* **LES « PLUS »** *Une adresse cosmopolite gérée avec imagination*

VILLA BOKÉH

ANTIGUA

VILLA BOKÉH

Lote 3, Camino a Finca San Nicolás, Antigua, Guatemala
Tel. +502 2374 5000 · recepcion@villabokeh.com
villabokeh.com

A RICH HERITAGE

Guatemala is known around the world for its weaving. The Maya were masters of this art long ago, and passed on the skill from generation to generation. Weaving tools were often laid into the cradles of new-born girls. The Maya worked references to the gender, origin, social status, and wealth of the wearer into the textiles of their clothing, and even had a goddess with the special role of protecting the craft. To this day, and in the face of mass production by machines, small workshops in Guatemala still produce textiles by hand according to their ancient tradition: wonderful woven or embroidered fabrics for fashion and furnishings, as well as wallpaper with expressive patterns. The owner of this former hacienda wanted to furnish its rooms with exactly this kind of item when she turned the 6-acre estate outside the center of Antigua into a boutique hotel. To remodel it, her colleague Katina Jongezoon worked with both the local Studio Paliare and the curator at the town's textile museum. Together they combined the old colonial style of Villa Bokéh with contemporary Guatemalan design. The rooms and suites in modern rustic style are romantic and decorated largely in soft colors. They have been fitted with light-colored furniture, art from the owner's collection and extras such as mezzanine stories, fireplaces, and patios with hearths. From the windows, guests have a view one of the largest private gardens in Antigua, an enchanted park with palms and cypresses, lily ponds and waterfalls, fountains and a gazebo as a garden pavilion. The mood is equally captivating in the restaurant with its conservatory atmosphere and gourmet menus, combining specialties from Guatemala with nouvelle cuisine. No dress code applies there – but a blouse or shirt of Guatemalan cloth would be the finishing touch. ◆ Book to pack: "The Black Sheep and Other Fables" by Augusto Monterroso

DIRECTIONS *The city's international airport is about 1 hour's drive away, while transfer by helicopter takes 15 minutes ·* **RATES** *$$$–$$$$ ·* **ROOMS** *15 rooms and suites 2–4 guests each ·* **FOOD** *The restaurant serves lunch and dinner daily, and brunch at weekends. Snacks and cocktails are available by the pool, pastries and fruit in the open kitchen ·* **HISTORY** *Opened in mid-2021 ·* **X-FACTOR** *Guatemalan hospitality in historic and tastefully sensitive surroundings*

EIN REICHES ERBE

Für seine Webkunst ist Guatemala rund um den Globus bekannt. Schon die Maya waren Meister ihres Fachs und vererbten dieses Können von Generation zu Generation. Neugeborenen Mädchen wurden oft schon in die Wiegen Webwerkzeuge gelegt. In ihre Kleidungsstoffe arbeiteten die Maya Hinweise auf Geschlecht, Herkunft, sozialen Status und Wohlstand des Trägers ein, und sie hatten sogar eine eigene Göttin, die über dieses Handwerk wachte. Bis heute und der maschinellen Massenproduktion zum Trotz stellen kleinere Betriebe in Guatemala Textilien nach alter Tradition und von Hand her: wunderschöne gewebte oder bestickte Mode- und Einrichtungsstoffe sowie Tapeten mit ausdrucksstarken Mustern. Mit genau solchen Stücken wollte die Besitzerin dieser ehemaligen Hazienda die Räume ausstatten, als sie das 2,4 Hektar große Anwesen außerhalb des Zentrums von Antigua in ein Boutiquehotel verwandelte. Für die Neugestaltung des Hauses arbeitete ihre Kollegin Katina Jongezoon nicht nur mit dem lokalen Studio Paliare zusammen, sondern auch mit der Kuratorin des hiesigen Textilmuseums. Gemeinsam verbanden sie den alten Kolonialstil der Villa Bokéh mit zeitgenössischem guatemaltekischem Design. Die Zimmer und Suiten sind modern-rustikal sowie romantisch und überwiegend in sanften Farben gehalten. Ausgestattet sind sie mit hellen Möbeln, Kunstwerken aus der Sammlung der Hausherrin sowie Extras wie Mezzanine-Etagen, Kaminen oder Patios mit Feuerstellen. Aus den Fenstern blickt man auf einen der größten privaten Gärten von Antigua, einen verwunschenen Park mit Palmen und Zypressen, Lilienteichen und Wasserfällen, Brunnen und Gazebo, einem Gartenpavillon. Genauso stimmungsvoll ist das Restaurant mit Wintergartenatmosphäre und Gourmetmenüs, die Spezialitäten aus Guatemala und Nouvelle Cuisine verbinden. Einen Dresscode gibt es dort nicht – doch eine Bluse oder ein Hemd aus guatemaltekischem Stoff wäre das i-Tüpfelchen. ◆ Buchtipp: „Das Schwarze Schaf und andere Fabeln" von Augusto Monterroso

ANREISE *Der internationale Flughafen der Stadt ist ca. 1 Fahrtstunde entfernt, der Helikoptertransfer dauert 15 min* · **PREISE** $$$–$$$$ · **ZIMMER** *15 Zimmer und Suiten für je 2–4 Personen* · **KÜCHE** *Das Restaurant bietet täglich Lunch und Dinner sowie am Wochenende Brunch an. Am Pool gibt es Snacks und Cocktails, in der offenen Küche stehen Gebäck und Obst bereit* · **GESCHICHTE** *Mitte 2021 eröffnet* · **X-FAKTOR** *Guatemaltekische Gastfreundschaft in historischem und feinsinnigem Ambiente*

UN RICHE PATRIMOINE

Le Guatemala est mondialement connu pour son art du tissage. Les Mayas, des maîtres en la matière, se transmettaient ce savoir-faire de génération en génération et plaçaient souvent des outils de tissage dans le berceau des petites filles. Ils incorporaient dans les étoffes des vêtements des indications sur le sexe, l'origine, le statut social et la richesse de la personne qui les portait, et une déesse spécifique veillait sur cet artisanat. Aujourd'hui encore, et en dépit de la production mécanique de masse, de petites entreprises guatémaltèques fabriquent à la main et selon les règles de la tradition de magnifiques étoffes d'habillement et d'ameublement tissées ou brodées, ainsi que des papiers peints aux motifs expressifs. C'est précisément avec ce type de pièces que la propriétaire de cette ancienne hacienda souhaitait décorer les espaces intérieurs lorsqu'elle a transformé en hôtel-boutique la propriété de 2,4 hectares située en dehors du centre d'Antigua. Pour ce faire, sa collaboratrice Katina Jongezoon n'a pas seulement travaillé avec le studio local Paliare, mais aussi avec la conservatrice du musée local du textile. Ensemble, ils ont combiné l'ancien style colonial de la Villa Bokéh avec le design guatémaltèque contemporain. Les chambres et les suites sont à la fois modernes et rustiques, mais aussi romantiques, avec des couleurs douces qui prédominent. Elles sont équipées de meubles clairs, d'œuvres d'art issues de la collection de la maîtresse de maison et d'extras tels que des mezzanines, des cheminées ou des patios avec foyer. Les fenêtres donnent sur l'un des plus grands jardins privés d'Antigua, un parc enchanteur abritant des palmiers et des cyprès, des étangs où fleurissent les iris et des cascades, des fontaines et un gazebo, un pavillon de jardin. Le restaurant est tout aussi évocateur, avec son atmosphère de jardin d'hiver et ses menus gastronomiques qui allient spécialités du Guatemala et Nouvelle cuisine. Il n'y a pas de code vestimentaire, mais un chemisier ou une chemise en tissu guatémaltèque apporterait la touche finale. ◆ À lire : « Fables à l'usage des brebis galeuses » d'Augusto Monterroso

ACCÈS *L'aéroport international de la ville est à environ 1 h de route, le transfert en hélicoptère dure 15 min* · **PRIX** $$$–$$$$ · **CHAMBRES** *15 chambres et suites pour 2–4 personnes chacune* · **RESTAURATION** *Le restaurant propose des déjeuners et des dîners tous les jours, ainsi que des brunchs le week-end. Des snacks et des cocktails sont servis au bord de la piscine et des pâtisseries et des fruits sont disponibles dans la cuisine ouverte* · **HISTOIRE** *Ouvert à la mi-2021* · **LES « PLUS »** *Le meilleur de l'hospitalité guatémaltèque dans une ambiance historique et raffinée*

TURTLE INN

PLACENCIA

TURTLE INN

Placencia Village, Stann Creek District, Belize
Tel. +501 824 4912 · info@thefamilycoppolahideaways.com
thefamilycoppolahideaways.com

CINEMATIC BEAUTY

Francis Ford Coppola and his wife Eleanor had bought the Turtle Inn only a few months previously when Hurricane Iris raged over Belize in October 2001 and severely damaged the country's Caribbean coast. However, the star movie director, who is passionate about his second calling as a hotelier and has owned hideaways in Belize for decades, did not lose heart. He took two years over the task of rebuilding the Turtle Inn and turning a beach refuge into a paradise. He found ideas for this on another of his favorite islands, Bali. He had the cottages stylishly fitted with Balinese doors, furniture, and fabrics, and gave most of them a tall, straw-thatched roof. Thanks to these architectural tricks, air can circulate well and the rooms can cool down, so air-conditioning is not needed. Even more luxury than in the cottages by the sea and in the tropical garden is provided in the villas, which the hosts use themselves when on vacation here. These include Francis's Family Pavilion with its private pool and art chosen personally by the owner, and Sofia's Beach House, which Laurent Deroo designed. Deroo also planned the "Wine Cellar" of the Turtle Inn, where guests enjoy selected wines from the family's own estates in California to accompany fresh fish Balinese-style and rustic dishes from Belize – or simply drink at the bar with their feet in the sand and a view of the Caribbean Sea. ♦ Films to watch: "The Godfather" (1972, 1974 and 1990) by Francis Ford Coppola

DIRECTIONS *The location of the hotel is a narrow peninsula, almost 42 km/26 miles long near the fishing village of Placencia, about 3 hours' drive south of the Belize City international airport* · **RATES** *$$$–$$$$* · **ROOMS** *25 cottages and villas, each for up to 10 guests, some of them with a kitchen, pool, and butler* · **FOOD** *Seafood and Italian dishes in the restaurant "Mare", grilled meals in the "Gauguin Grill" and typical food from Belize in "Auntie Luba's Kitchen." There are also 2 bars and an ice-cream bar for children only* · **HISTORY** *Since the 1980s the Coppolas have regularly been coming to Belize, where they also own a lodge that has been a hotel since 1993, and have also possessed a private island since 2016* · **X-FACTOR** *On trips around the region, guests can explore old Maya sites, including Nim Li Punit with its stepped pyramids and stelae*

LEINWANDTAUGLICH

Francis Ford Coppola und seine Frau Eleanor hatten das Turtle Inn erst vor ein paar Monaten gekauft, als im Oktober 2001 Hurrikan Iris über Belize hinwegfegte und der Karibikküste des Landes schweren Schaden zufügte. Doch der Starregisseur, der im Zweitberuf begeisterter Hotelier ist und in Belize schon seit Jahrzehnten Hideaways besitzt, ließ sich davon nicht entmutigen. Er nahm sich zwei Jahre lang Zeit, um das Turtle Inn neu aufzubauen und zu einem paradiesischen Refugium am Strand zu machen. Ideen fand er dabei auf einer weiteren Lieblingsinsel, auf Bali. Er ließ die Cottages stilvoll mit balinesischen Türen, Möbeln und Textilien einrichten und die meisten von ihnen mit hohen, strohgedeckten Runddächern versehen. Dank dieses architektonischen Tricks kann die Luft gut zirkulieren und die Räume kühlen, sodass eine Klimaanlage nicht nötig ist. Noch mehr Luxus als die Häuschen im tropischen Garten und am Meer bieten die Villen, die die Gastgeber selbst nutzen, wenn sie hier Urlaub machen, darunter Francis' Family Pavilion mit Privatpool und vom Eigentümer persönlich ausgewählter Kunst sowie Sofia's Beach House, das der Designer Laurent Deroo entworfen hat. Nach Deroos Plänen ist auch der „Wine Cellar" des Turtle Inns entstanden, in dem ausgewählte Weine von den familieneigenen Gütern in Kalifornien angeboten werden. Diese genießt man zu frischem Fisch nach balinesischer Art und zu Rustikalem aus Belize – oder einfach an der Bar mit den Füßen im Sand und mit Blick auf die karibische See. ◆ Filmtipp: „Der Pate" (1972, 1974 und 1990) von Francis Ford Coppola

ANREISE *Das Hotel liegt auf einer schmalen, fast 42 km langen Halbinsel in der Nähe des Fischerdorfs Placencia, ca. 3 Fahrtstunden südlich des internationalen Flughafens von Belize City* · **PREISE** $$$–$$$$ · **ZIMMER** *25 Cottages und Villen, für jeweils bis zu 10 Personen und teilweise mit Küche, Pool und Butler* · **KÜCHE** *Seafood und Italienisches im Restaurant „Mare", Grillgerichte im „Gauguin Grill" sowie Typisches aus Belize in „Auntie Luba's Kitchen". Zudem gibt es 2 Bars sowie eine Eisbar nur für Kinder* · **GESCHICHTE** *Die Coppolas kommen seit den 1980ern regelmäßig nach Belize. Sie besitzen dort auch eine Lodge, die seit 1993 ein Hotel ist, sowie seit 2016 eine Privatinsel* · **X-FAKTOR** *Bei Ausflügen durch die Region kann man alte Mayastätten erforschen, darunter Nim Li Punit mit seinen Stufenpyramiden und Stelen*

DIGNE DU GRAND ÉCRAN

Francis Ford Coppola et sa femme Eleanor avaient acheté le Turtle Inn quelques mois auparavant, lorsque l'ouragan Iris a balayé le Belize en octobre 2001, causant de graves dégâts sur la côte caribéenne du pays. Mais le réalisateur star, propriétaire passionné d'un groupe hôtelier, et qui possède des hideaways au Belize depuis des décennies, ne s'est pas laissé décourager pour autant. Il a pris deux ans pour reconstruire le Turtle Inn et le transformer en un refuge paradisiaque sur la plage. Pour ce faire, il a trouvé des idées sur une autre de ses îles préférées, Bali. Avec un grand sens du style, il a fait aménager les cottages avec des portes, des meubles et des textiles balinais, et a doté la plupart d'entre eux de hauts toits ronds recouverts de chaume. Cette astuce architecturale fait que l'air peut circuler facilement et rafraîchir les pièces, ce qui rend la climatisation superflue. Les villas où les hôtes viennent se ressourcer lorsqu'ils sont en vacances, notamment le Francis' Family Pavilion avec piscine privée et œuvres d'art choisies personnellement par le propriétaire, ainsi que la Sofia's Beach House, conçue par le designer Laurent Deroo, offrent encore plus de luxe que les maisonnettes situées dans le jardin tropical et au bord de la mer. Le « Wine Cellar » du Turtle Inn, qui a également été conçu d'après les plans de Deroo, propose des vins sélectionnés dans les domaines familiaux de Californie. On les déguste avec du poisson préparé à la balinaise et des plats rustiques du Belize – ou tout simplement au bar, les pieds dans le sable et face à la mer des Caraïbes. ◆ À voir : « Le Parrain » (1972, 1974 et 1990) de Francis Ford Coppola

ACCÈS *L'hôtel est situé sur une étroite péninsule de près de 42 km de long, à proximité du village de pêcheurs de Placencia, à environ 3 h de route au sud de l'aéroport international de Belize City* · **PRIX** $$$–$$$$ · **CHAMBRES** *25 cottages et villas pouvant abriter jusqu'à 10 personnes et en partie avec cuisine, piscine et majordome* · **RESTAURATION** *Poisson, fruits de mer et cuisine italienne au restaurant « Mare », grillades au « Gauguin Grill » et des plats typiques du Belize à « Auntie Luba's Kitchen ». Il y a également deux bars et un bar à glace réservé aux enfants* · **HISTOIRE** *Les Coppola viennent régulièrement au Belize depuis les années 1980. Ils y possèdent aussi un lodge, qui est devenu un hôtel en 1993, ainsi qu'une île privée depuis 2016* · **LES « PLUS »** *Des excursions dans la région permettent d'explorer d'anciens sites mayas, dont Nim Li Punit avec ses pyramides à degrés et ses stèles*

HABITAS BACALAR

BACALAR, YUCATÁN

HABITAS BACALAR

Carretera Federal 307 Xul Ha, Bacalar, Quintana Roo, Mexico
Tel. +52 55 4163 0935 · reservations@habitasbacalar.com
ourhabitas.com

A PLACE OF POWER

Its crystal-clear water gleams, glitters and glows in the most beautiful shades of blue, turquoise, and green – precisely seven of them, it is said, giving the lake its nickname: "lagoon of seven colors." Lake Bacalar in the south of the Yucatán has a pale bed of limestone and is fed at different depths by various subterranean rivers. This explains the unusual play of colors, which has been compared with that of the Maldives. On its shores, life goes on at a slow pace, the bustle of Mexico is far away, and there is no better place to simply arrive, breathe deeply, and let the surroundings take hold. To avoid spoiling the unique scenery of the lagoon, the cabanas of this hotel were built from sustainable materials. Their parts were prefabricated and assembled on site. The A-shaped buildings resemble luxury tents, thus reinforcing the impression of being close to nature. From the very start of the day, when guests are awakened by chirping birds, the rustle of palm trees, and the splashing of the water, then look out over the lake, they feel they have been reborn. A visit to the spa, designed in the style of a Maya village, maintains this state of mind. Here, guests cleanse their soul through meditation and their body in the temazcal, the traditional Central American steam bath. Or they take a massage with natural products such as herbs, coconut, cocoa, and honey from indigenous melipona bees, to which healing properties have been ascribed for thousands of years. It is also one of the favorite ingredients in the restaurant, where fresh, aromatic, and simple meals are cooked and shared at a communal table. The restaurant took its name, "Siete" ("Seven"), from the lagoon of seven colors, of course, which has made this hotel into a place of power. ◆ Book to pack: "The Labyrinth of Solitude" by Octavio Paz

DIRECTIONS *On the south-west shore of the lake, which is 42 km/26 miles long. Cancún international airport is 4 hours' drive away* · **RATES** *$$–$$$$* · **ROOMS** *35 cabanas with a view of palms, mangroves, or the lake* · **FOOD** *In the restaurant "Siete" and on the spacious "Lagoon Deck," modern rustic Mexican dishes are on the menu* · **HISTORY** *Opened in October 2021* · **X-FACTOR** *The hotel works to protect the lagoon and its inhabitants, supporting local farmers for example*

EIN KRAFTORT

Sein kristallklares Wasser schimmert, glitzert und leuchtet in den schönsten Blau-, Türkis- und Grüntönen. Genau sieben sollen es sein, die ihm zum Beinamen „Lagune der sieben Farben" verholfen haben: Der Bacalarsee im Süden von Yucatán besitzt einen hellen Kalksteinboden, der in unterschiedlichen Tiefen von unterirdischen Flüssen gespeist wird. Das erklärt sein besonderes Farbenspiel, das schon mit dem der Malediven verglichen wurde. An den Ufern läuft das Leben langsam ab, das quirlige Mexiko ist meilenweit entfernt, und es gibt keinen besseren Platz, um einfach anzukommen, durchzuatmen und die Umgebung auf sich wirken zu lassen. Um die einzigartige Landschaft der Lagune so gering wie möglich zu belasten, wurden die Cabanas dieses Hotels aus nachhaltigen Materialen errichtet. Die Einzelteile wurden vorgefertigt und dann vor Ort zusammengesetzt. Die zeltförmigen Häuser wirken wie Luxuszelte und verstärken so den Eindruck, der Natur nahe zu sein. Schon wenn man morgens vom Zwitschern der Vögel, vom Rauschen der Palmen und vom Plätschern des Wassers geweckt wird und auf den See schaut, fühlt man sich wie neugeboren. Diesen herrlichen Zustand verlängert ein Besuch im Spa, das im Stil eines Mayadorfs gestaltet ist. Hier reinigt man die Seele beim Meditieren und den Körper im Temazcal, dem traditionellen Dampfbad Mittelamerikas. Oder man lässt sich massieren mit Naturprodukten wie Kräutern, Kokos, Kakao und dem Honig der einheimischen Melipona-Biene, dem schon seit Jahrtausenden heilende und wohltuende Wirkung nachgesagt wird. Er gehört auch zu den Lieblingszutaten im Restaurant. Dort wird mit lokalen Produkten frisch, aromatisch und unkompliziert gekocht und das Essen am Tisch gemeinschaftlich geteilt. Seinen Namen „Siete" („Sieben") bekam das Lokal selbstverständlich von der Lagune der sieben Farben, dem Ort, der aus diesem Hotel einen Kraftort macht. ◆ Buchtipp: „Das Labyrinth der Einsamkeit" von Octavio Paz

ANREISE *Am Südwestufer des insgesamt 42 km langen Sees gelegen. Der internationale Flughafen von Cancún ist 4 Fahrtstunden entfernt ·* **PREISE** *$$–$$$$ ·* **ZIMMER** *35 Cabanas mit Palmen-, Mangroven- oder Seeblick ·* **KÜCHE** *Im Restaurant „Siete" und auf dem weitläufigen „Lagoon Deck" stehen modern-rustikale mexikanische Gerichte auf der Karte ·* **GESCHICHTE** *Im Oktober 2021 eröffnet ·* **X-FAKTOR** *Das Hotel setzt sich für den Schutz der Lagune und seiner Bewohner ein und unterstützt beispielsweise örtliche Bauern*

UN LIEU DE FORCE

Ses eaux cristallines s'illuminent et scintillent dans les plus belles nuances de bleu, de turquoise et de vert, qui seraient au nombre de sept, ce qui lui a valu le surnom de « lagune aux sept couleurs » : le lac Bacalar, au sud du Yucatán, possède un fond de calcaire clair et est alimenté par des rivières souterraines à différentes profondeurs. Cela explique ce jeu de couleurs particulier, qui a déjà été comparé à celui des Maldives. Sur les rives, la vie s'écoule avec lenteur, l'effervescence de Mexico est loin et il n'y a pas de meilleur endroit pour se poser, respirer à fond et s'imprégner de l'environnement. Afin de minimiser l'impact sur le paysage unique de la lagune, les cabanas ont été construites avec des matériaux durables, des éléments individuels préfabriqués puis assemblés sur place. En forme de A, elles ressemblent à des tentes de luxe, ce qui renforce l'impression d'être proche de la nature. Le matin, lorsque l'on est réveillé par le chant des oiseaux, le bruissement des palmiers et le clapotis de l'eau et que l'on regarde le lac, on se sent renaître. Une visite au spa, aménagé dans le style d'un village maya, prolonge cet état de grâce. L'esprit est régénéré par la méditation et le corps par le temazcal, le bain de vapeur traditionnel d'Amérique centrale. On peut aussi se faire masser avec des produits naturels comme des herbes, la noix de coco, le cacao et le miel de l'abeille locale Melipona, dont on dit depuis des millénaires qu'il a des vertus curatives et bienfaisantes – on le retrouve d'ailleurs au restaurant où il fait partie des produits favoris. Ici, on cuisine simplement avec des produits locaux, frais et aromatiques, et on partage le repas à table. Il doit bien sûr son nom « Siete » (sept) à la lagune des sept couleurs, qui fait de cet hôtel un lieu de force. ◆ À lire : « Le labyrinthe de la solitude » d'Octavio Paz

ACCÈS *Situé sur la rive sud-ouest du lac de 42 km de long. L'aéroport international de Cancún est à 4 h de route ·* **PRIX** *$$–$$$$ ·* **CHAMBRES** *35 cabanas avec vue sur les palmiers, la mangrove ou le lac ·* **RESTAURATION** *Le restaurant « Siete » et le vaste « Lagoon Deck » proposent des plats mexicains modernes et rustiques ·* **HISTOIRE** *Ouvert en octobre 2021 ·* **LES « PLUS »** *L'hôtel s'engage pour la protection du lagon et de ses habitants, et soutient par exemple les agriculteurs locaux*

MESÓN HIDALGO

SAN MIGUEL DE ALLENDE

MESÓN HIDALGO

Calle Hidalgo 19, San Miguel de Allende, Guanajuato, Mexico
Tel. +52 415 196 0536 · digame@mesonhidalgo.com
mesonhidalgo.com

A MATTER OF THE HEART

Some projects begin with a discovery rather than a plan – and this was the case with Mesón Hidalgo in San Miguel de Allende. The American designer Laura Kirar was about to leave the town after a lengthy stay when she entered this historic house by chance, and in the twinkling of an eye fell in love with the building. She had been traveling to Mexico for years, had admired its indigenous crafts, and had worked with talented young Mexicans to preserve and develop them. Now she created her own showroom for beautiful things "made in Mexico" and along with it her own guesthouse too: in addition to four boutiques, Mesón Hidalgo houses three delightful rooms. "Chana" is an extravagant suite on the ground floor with ceilings eighteen feet high, hand-painted walls in a striped pattern, and a bathroom opulently decorated in gold and midnight blue. "Juana" reveals quiet beauty in coral pink and has a hammock by the door, while "Su Hermana," the third of these sisters, presents a picture of gaiety in yellow and jade, with a roof terrace for chilling out. All of the fabrics, vases, lamps, mirrors, and paintings that adorn the rooms can be bought in Laura's shop, where she sells her own designs and collectors' items. She has dedicated the other boutiques to Mexican businesswomen who produce fashion, accessories, and fragrances by ethical and sustainable means. For those who would like to browse through even more treasure troves, Laura recommends her favorite stores in San Miguel de Allende – the town that advertises with the slogan "the heart of Mexico," where she lost her own heart. ◆ Book to pack: "Welcome Home" by Lucia Berlin

DIRECTIONS *In the center of San Miguel de Allende, about 1.5 hours' drive from Guanajuato international airport and 3.5 hours from Mexico City* · **RATES** *$$$–$$$$* · **ROOMS** *3 rooms* · **FOOD** *Breakfast is served in-house. For lunch and dinner, the owner makes recommendations for the most desirable addresses in town* · **HISTORY** *The building dates from 1693. Laura opened Mesón Hidalgo in 2019* · **X-FACTOR** *A stroll through the picturesque colonial town, which takes its name from Ignacio Allende, a fighter for Mexican independence, and is a Unesco World Heritage site*

EINE HERZENSANGELEGENHEIT

Manche Projekte beginnen nicht mit einem Plan, sondern mit einer Entdeckung – wie im Fall der Mesón Hidalgo in San Miguel de Allende. Die amerikanische Designerin Laura Kirar wollte die Stadt gerade nach einem längeren Aufenthalt verlassen, als sie zufällig in dieses historische Haus kam und sich in Sekundenschnelle in das Gebäude verliebte. Schon seit Jahren war sie immer wieder nach Mexiko gereist, hatte das indigene Kunsthandwerk des Landes bewundert und mit jungen einheimischen Talenten gearbeitet, um das Kunstgewerbe zu bewahren und zu entwickeln. Jetzt schuf sie ihren eigenen Showroom für Schönes „made in Mexico" und ihr eigenes Gästehaus gleich mit dazu, denn neben vier Boutiquen umfasst die Mesón Hidalgo auch drei bezaubernde Zimmer. „Chana" ist eine extravagante Suite im Erdgeschoss mit fünfeinhalb Meter hohen Decken, handbemalten Wänden im Streifendesign und einem Bad in opulentem Gold und Mitternachtsblau. „Juana" entpuppt sich als stille Schönheit in Korallenrosa und hat eine Hängematte vor der Tür, und „Su Hermana", die dritte Schwester im Bunde, präsentiert sich in fröhlichem Gelb und Jade mit einer Dachterrasse zum Chillen. All die Stoffe, Vasen, Lampen, Spiegel und Gemälde, mit denen die Räume verschönt sind, kann man in Lauras Shop kaufen, in dem sie eigene Entwürfe und Sammlerstücke anbietet. Die anderen Läden hat sie mexikanischen Unternehmerinnen gewidmet, die Mode, Accessoires und Düfte ethisch und nachhaltig herstellen. Wer noch mehr Fundgruben durchstöbern will, dem empfiehlt die Hausherrin ihre Lieblingsläden in San Miguel de Allende – der Stadt mit dem Werbeslogan „Das Herz von Mexiko", an die sie ihr eigenes Herz verloren hat. ◆ Buchtipp: „Welcome Home" von Lucia Berlin

ANREISE *Im Zentrum von San Miguel de Allende gelegen, ca. 1,5 Fahrtstunden vom internationalen Flughafen Guanajuato und 3,5 Fahrtstunden von Mexico City entfernt* · **PREISE** *$$$–$$$$* · **ZIMMER** *3 Zimmer* · **KÜCHE** *Im Haus wird Frühstück serviert. Für Lunch und Dinner gibt die Besitzerin Empfehlungen für die angesagtesten Adressen der Stadt* · **GESCHICHTE** *Das Gebäude stammt aus dem Jahr 1693. Laura eröffnete die Mesón Hidalgo 2019* · **X-FAKTOR** *Ein Bummel durch die pittoreske Kolonialstadt, die ihren Namen vom mexikanischen Unabhängigkeitskämpfer Ignacio Allende bekam und Unesco-Weltkulturerbe ist*

UNE AFFAIRE DE CŒUR

Certains projets ne commencent pas par un plan, mais par une découverte – c'est le cas du Mesón Hidalgo à San Miguel de Allende. La designer américaine Laura Kirar s'apprêtait à quitter la ville après un long séjour lorsqu'elle est entrée par hasard dans cette maison historique dont elle est tombée aussitôt amoureuse. Cela faisait des années qu'elle se rendait régulièrement au Mexique, admirant l'artisanat indigène du pays et travaillant avec de jeunes talents locaux pour le préserver et le développer. Aujourd'hui, elle a créé son propre show-room de beauté « made in Mexico » et, dans la foulée, sa propre maison d'hôtes, car en plus de quatre boutiques, le Mesón Hidalgo comprend trois chambres ravissantes. « Chana » est une suite extravagante au rez-de-chaussée avec des plafonds de cinq mètres et demi de haut, des murs peints à la main dans un design à rayures et une salle de bains tout en or somptueux et bleu minuit. « Juana », quant à elle, est une beauté sereine en rose corail, avec un hamac devant la porte, et « Su Hermana », la petite dernière, se présente en jaune joyeux et vert jade, offrant un toit-terrasse pour se relaxer. Tous les tissus, vases, lampes, miroirs et peintures qui embellissent les pièces peuvent être achetés dans la boutique de Laura, où elle propose ses propres créations et des pièces de collection. Elle a dédié les autres boutiques à des entrepreneuses mexicaines qui fabriquent des vêtements, des accessoires et des parfums de manière éthique et durable. Pour ceux qui souhaitent explorer d'autres mines de trouvailles, la maîtresse de maison recommande ses boutiques préférées à San Miguel de Allende – la ville au slogan publicitaire « Le cœur du Mexique », à laquelle elle a donné son cœur. ◆ À lire : « Un soir au paradis » de Lucia Berlin

ACCÈS *Situé dans le centre de San Miguel de Allende, à environ 1,5 h de route de l'aéroport international de Guanajuato et à 3,5 h de route de Mexico* · **PRIX** *$$$–$$$$* · **CHAMBRES** *3 chambres* · **RESTAURATION** *Le petit-déjeuner est servi dans la maison. Pour le déjeuner et le dîner, la propriétaire recommande les adresses les plus branchées de la ville* · **HISTOIRE** *Le bâtiment date de 1693. Laura a ouvert le Mesón Hidalgo en 2019* · **LES « PLUS »** *Une promenade dans la pittoresque ville coloniale, classée au patrimoine mondial de l'Unesco. Elle doit son nom à Ignacio Allende, combattant de l'indépendance mexicaine*

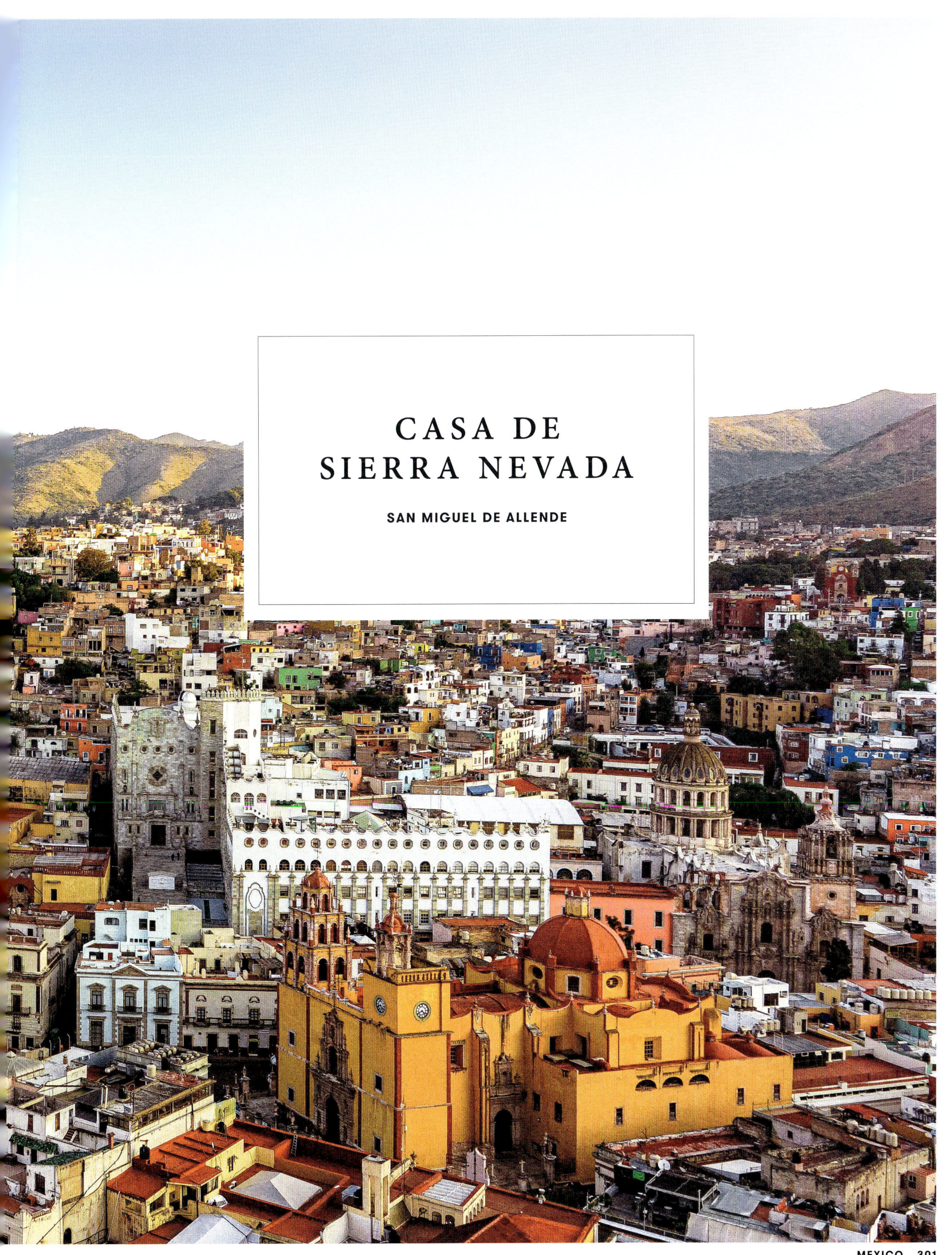

CASA DE SIERRA NEVADA

SAN MIGUEL DE ALLENDE

CASA DE SIERRA NEVADA

Hospicio 35, San Miguel de Allende, Guanajuato, Mexico
Tel. +52 415 152 7040 · reservations.csn@belmond.com
belmond.com

PICTURESQUE MEXICO

In San Miguel de Allende, Mexico looks as pretty as a picture. Houses painted ochre yellow, blood orange and vermilion red line up along cobbled alleys and are home to boutiques, galleries and cafés. Even modern fast-food joints have historic façades here. Above the roofs rise the majestic towers of churches whose architects worked with Gothic, baroque, and neo-classical influences. On squares flanked by jacaranda trees and bougainvillea, people meet for a chat during the day and an open-air party in the evening. Once a colonial town and later the home of Mexican heroes, San Miguel de Allende was rediscovered in the twentieth century by painters and writers, hippies and bohemians, and gained its distinctive, creative and inspiring atmosphere from a combination of the present and the past. The Casa de Sierra Nevada, too, situated like an oasis at the heart of the bustling town center, combines the best from bygone times and contemporary life. It consists of six buildings, restored in exemplary fashion and dating from periods between the sixteenth and eighteenth centuries, including a monastery and a bishop's residence. They have tall arched walkways, hidden verandas and sequestered gardens where fountains splash and hummingbirds sing. No two rooms are alike. In many of them, wooden beams beneath the ceiling and old fireplaces that are still in working condition preserve memories of the past. Superb carvings, splendid fabrics, and Talavera tiles in the bathrooms impressively present traditional Mexican crafts, and ingeniously concealed technical installations ensure contemporary luxury. Guests who occupy the President's Suite also enjoy two terraces with a view of the town and the church of La Parroquia de San Miguel Arcángel with its pink stone – a sight as beautiful as a painting. ◆ Film to watch: "Frida" (2002) by Julie Taymor, with Salma Hayek. The Mexican painter Frida Kahlo held several of her salons in San Miguel de Allende

DIRECTIONS *About 1.5 hours' drive from Guanajuato international airport* · **RATES** *$$$$* · **ROOMS** *14 rooms and 23 suites* · **FOOD** *Classic Mexican dishes in the "Restaurante del Parque" and international menus in "Andanza," one of the best places to dine in San Miguel* · **HISTORY** *The monastery became a guesthouse in 1959. In the 1970s a Swiss hotelier turned it into a luxury hotel, and more buildings were integrated in the 1990s. Belmond has operated the house since 2006* · **X-FACTOR** *The concierges are masters of their trade who arrange excellent trips around the town and surrounding country*

DAS MALERISCHE MEXIKO

In San Miguel de Allende wirkt Mexiko so schön wie gemalt. Häuser in Ockergelb, Blutorange und Zinnoberrot säumen kopfsteingepflasterte Gassen und beherbergen Boutiquen, Galerien und Cafés. Selbst moderne Fast-Food-Lokale haben hier historische Fassaden. Über den Dächern ragen majestätische Kirchtürme in den Himmel, deren Baumeister von Gotik, Barock und Klassizismus beeinflusst waren. Und auf Plätzen, die von Jacarandabäumen und Bougainvilleen gesäumt sind, treffen sich die Menschen tagsüber auf einen Plausch und abends zu einer Open-Air-Party. Einst Kolonialstadt und später Heimat mexikanischer Helden, wurde San Miguel de Allende im 20. Jahrhundert von Malern und Schriftstellern, Hippies und Bohemiens neu entdeckt und bekam durch die Verbindung von Gegenwart und Geschichte seine ganz eigene, kreative und inspirierende Atmosphäre. Auch die Casa de Sierra Nevada, die wie eine Oase inmitten des quirligen Zentrums liegt, kombiniert das Beste vergangener und heutiger Tage. Sie besteht aus sechs vorbildlich sanierten Gebäuden – darunter ein Kloster und ein Bischofssitz –, die zwischen dem 16. und 18. Jahrhundert entstanden sind. Sie besitzen hohe Bogengänge, versteckte Veranden sowie verwunschene Gärten, in denen Brunnen plätschern und Kolibris singen. Kein Zimmer gleicht dem anderen, in vielen erinnern Holzbalken unter der Decke und alte, noch immer funktionstüchtige Kamine an vergangene Zeiten. Prachtvolle Schnitzereien, opulente Stoffe und Talaverafliesen in den Bädern präsentieren eindrucksvoll das traditionelle mexikanische Kunsthandwerk, und geschickt versteckte Technik sorgt für zeitgemäßen Luxus. Wer in die Präsidentensuite zieht, verfügt zudem über zwei Terrassen mit Blick auf die Stadt und die Kirche La Parroquia de San Miguel Arcángel aus pinkfarbenem Stein – eine Sicht so schön wie gemalt. ♦ Filmtipp: „Frida" (2002) von Julie Taymor, mit Salma Hayek. Die mexikanische Malerin Frida Kahlo veranstaltete in San Miguel de Allende einige ihrer Salons

ANREISE *Ca. 1,5 Fahrtstunden vom internationalen Flughafen Guanajuato entfernt* · **PREISE** *$$$$* · **ZIMMER** *14 Zimmer und 23 Suiten* · **KÜCHE** *Mexikanische Klassiker im „Restaurante del Parque" und internationale Menüs im „Andanza", das zu den besten Lokalen von San Miguel zählt* · **GESCHICHTE** *Das ehemalige Kloster ist schon seit 1959 ein Gasthaus. In den 1970ern verwandelte es ein Schweizer Hotelier in ein Luxushotel, weitere Gebäude wurden in den 1990ern integriert. Belmond betreibt das Haus seit 2006* · **X-FAKTOR** *Die Concierges sind Meister ihres Fachs und arrangieren ausgezeichnete Ausflüge durch Stadt und Umland*

BEAU COMME UN TABLEAU

À San Miguel de Allende, le Mexique est d'une telle beauté qu'on le dirait peint par un artiste. Le long des ruelles pavées, des maisons jaune ocre, orange sanguine et vermillon abritent des boutiques, des galeries et des cafés – même les fast-foods modernes ont ici des façades historiques. Au-dessus des toits, se dressent de majestueux clochers dont les bâtisseurs ont été influencés par le gothique, le baroque ou le classicisme. Et sur les places, à l'ombre des jacarandas et des bougainvilliers, les gens se retrouvent pendant la journée pour bavarder et le soir pour faire la fête. Ville coloniale devenue patrie des héros mexicains, San Miguel de Allende a été redécouverte au XXe siècle par des peintres et des écrivains, des hippies et des bohèmes, et a acquis une atmosphère propice à la création et l'inspiration en unissant le présent et l'histoire. La Casa de Sierra Nevada, îlot paisible au milieu du centre animé, réunit, elle aussi, le meilleur du passé et du présent. Composée de six bâtiments rénovés de manière exemplaire – dont un couvent et une résidence épiscopale – construits entre le XVIe et le XVIIIe siècle, elle possède de hautes arcades, des vérandas cachées ainsi que des jardins enchanteurs où murmurent des fontaines et où volettent des colibris. Aucune chambre ne ressemble à une autre, nombre d'entre elles abritent des poutres en bois sous le plafond et de vieilles cheminées encore en état de marche qui rappellent la vie d'autrefois. De somptueuses sculptures, des tissus superbes et des carreaux Talavera dans les salles de bains présentent de manière impressionnante l'artisanat mexicain traditionnel, alors que le luxe contemporain est assuré par une technologie habilement dissimulée. Ceux qui emménagent dans la suite présidentielle disposent en outre de deux terrasses avec vue sur la ville et sur l'église La Parroquia de San Miguel Arcángel en pierre rose – belle comme une peinture, elle aussi. ♦ À voir : « Frida » (2002) réalisé par Julie Taymor, avec Salma Hayek. La peintre mexicaine Frida Kahlo a organisé certains de ses salons à San Miguel de Allende

ACCÈS *À environ 1,5 h de route de l'aéroport international de Guanajuato* · **PRIX** *$$$$* · **CHAMBRES** *14 chambres et 23 suites* · **RESTAURATION** *Des classiques mexicains au « Restaurante del Parque » et des menus internationaux au « Andanza », un des meilleurs restaurants de San Miguel* · **HISTOIRE** *L'ancien couvent est devenu une auberge en 1959. Dans les années 1970, un hôtelier suisse l'a transformé en hôtel de luxe, d'autres bâtiments ont été intégrés dans les années 1990. Belmond exploite l'établissement depuis 2006* · **LES « PLUS »** *Les concierges rivalisent de virtuosité dans leur domaine et organisent de remarquables excursions en ville et dans les environs*

ESCONDIDO OAXACA

OAXACA

ESCONDIDO OAXACA

Avenida José María Morelos 401, Colonia Cuartel V, Esquina Crespo, Oaxaca, Mexico
Tel. +52 55 5282 2199 · contact@escondidooaxaca.com
escondidooaxaca.com

FACETS OF MEXICO

Before Carlos Couturier and Moisés Micha became hoteliers, they worked as citrus farmer and investment bankers. As newcomers to the business, they have a refreshing and smart view of what makes a good hotel. They want it to be not merely a stopover on a journey, but the goal – a destination that tells of the history of a place, its culture, and its inhabitants. A destination that is exciting, and not afraid of contrasts and contradictions. A destination that serves as a place to meet, where diverse kinds of people can share their experiences with one another. In Oaxaca, which in a way is the essence of Mexico, these two businessmen have opened just such a hotel. The Escondido lies in the historic city center, which has a turbulent past going back hundreds of years and has been influenced by many different trends. The hotel consists of two parts, skillfully linked by the architect Alberto Kalach and fitted out with the assistance of local artisans. In a colonial house dating from the late nineteenth century and a modern tower in brutalist style, warm Mexican colors are confronted by icy gray concrete, luxuriantly green patios by minimalistic interior design. There is a stylish pool on the roof of the old building, a restaurant that surprises diners with a Piedmontese menu, and a co-working space for digital nomads. Old and new, tradition and modernity, local and global combine harmoniously. The Escondido succeeds as an all-round work of art and is a truly excellent hotel. ◆ Book to pack: "On the Plain of Snakes" by Paul Theroux

DIRECTIONS *In the center of Oaxaca, about 25 minutes' drive from the city's international airport* · **RATES** *$$$–$$$$* · **ROOMS** *4 rooms in the old part, 8 rooms in the new building, the latter with either a patio or balcony* · **FOOD** *An Italian restaurant on the ground floor and a pool bar with trellis on the roof* · **HISTORY** *Opened in 2019* · **X-FACTOR** *A trip to the nearby ruins of Monte Albán, where the Zapotecs, Mixtecs and Aztecs once lived*

DIE FACETTEN MEXIKOS

Ehe Carlos Couturier und Moisés Micha Hoteliers wurden, arbeiteten sie als Zitrusbauer und Investmentbanker. Als Seiteneinsteiger haben sie eine erfrischende und smarte Ansicht davon, was ein gutes Hotel ausmacht. Es soll nicht nur ein Stopp auf einer Reise sein, sondern das Ziel. Eine Destination, die von der Geschichte eines Ortes erzählt, von seiner Kultur und seinen Bewohnern. Ein Ziel, das spannend ist und keine Angst hat vor Gegensätzen und Kontrasten. Und das als Treffpunkt fungiert, an dem ganz unterschiedliche Menschen Erfahrungen miteinander teilen können. In Oaxaca, einer Art Essenz von Mexiko, haben die beiden Unternehmer genau ein solches Haus eröffnet. Das Escondido liegt im historischen Zentrum der Stadt, die eine jahrhundertealte bewegte Geschichte hat und von unterschiedlichen Strömungen beeinflusst ist. Das Hotel besteht aus zwei Teilen, die der Architekt Alberto Kalach effektvoll verbunden und mithilfe einheimischer Kunsthandwerker eingerichtet hat. In einem historischen Kolonialhaus aus dem späten 19. Jahrhundert und einem modernen Turm im Stil des Brutalismus stoßen warme mexikanische Farben auf eisiges Betongrau und üppig bewachsene Patios auf minimalistisches Interiordesign. Es gibt einen schicken Pool auf dem Dach des Altbaus, ein Restaurant, das mit einer piemontesischen Karte überrascht, und einen Co-Working-Bereich für digitale Nomaden. Altes und Neues, Tradition und Moderne, Lokales und Globales verbinden sich harmonisch. Das Escondido ist ein gelungenes Gesamtkunstwerk und wirklich gutes Hotel geworden. ◆ Buchtipp: „Auf dem Schlangenpfad" von Paul Theroux

ANREISE *Im Zentrum von Oaxaca gelegen, ca. 25 Fahrtminuten vom internationalen Flughafen der Stadt entfernt ·* **PREISE** *$$$–$$$$ ·* **ZIMMER** *4 Zimmer im Altbau, 8 Zimmer im Neubau, Letztere entweder mit Patio oder Balkon ·* **KÜCHE** *Ein italienisches Restaurant im Erdgeschoss sowie eine Poolbar mit Pergola auf dem Dach ·* **GESCHICHTE** *2019 eröffnet ·* **X-FAKTOR** *Ein Ausflug zu den nahen Ruinen von Monte Albán, wo einst die Zapoteken, Mixteken und Azteken lebten*

LES MULTIPLES FACETTES DU MEXIQUE

Dans une vie antérieure, Carlos Couturier et Moisés Micha ont travaillé comme agrumiculteur et banquier d'investissement. Issus de filières différentes, ils ont donc une vision rafraîchissante et audacieuse de ce qu'est un bon hôtel : il doit être une destination, pas seulement un endroit où l'on s'arrête au cours d'un voyage. Une destination qui raconte l'histoire d'un lieu, de sa culture et de ses habitants. Une destination passionnante, qui n'a pas peur des contrastes et des oppositions et qui opère comme un point de rencontre où des personnes très différentes peuvent partager leurs expériences. À Oaxaca, en quelque sorte l'essence du Mexique, les deux hommes d'affaires ont ouvert un établissement qui réunit ces attentes. L'Escondido est situé dans le centre historique de la ville qui a depuis des siècles une histoire mouvementée et qui est influencée par différents courants. L'hôtel est composé de deux parties que l'architecte Alberto Kalach a reliées adroitement et aménagées avec l'aide d'artisans locaux. Dans une maison coloniale historique datant de la fin du XIXe siècle et une tour moderne de style brutaliste, les couleurs chaudes mexicaines côtoient le gris glacé du béton et les patios luxuriants le minimalisme du design intérieur. Il y a une piscine élégante sur le toit de l'ancien bâtiment, un restaurant qui surprend avec une carte piémontaise et un espace de coworking pour les nomades numériques. L'ancien et le nouveau, la tradition et la modernité, le local et le global se marient harmonieusement. L'Escondido est une œuvre d'art totale réussie et vraiment un bon hôtel. ◆ À lire : « L'armée illuminée » de David Toscana

ACCÈS *Situé dans le centre d'Oaxaca, à environ 25 min en voiture de l'aéroport international de la ville ·* **PRIX** *$$$–$$$$ ·* **CHAMBRES** *4 chambres dans l'ancien bâtiment, 8 chambres dans le nouveau, ces dernières dotées d'un patio ou d'un balcon ·* **RESTAURATION** *Un restaurant italien au rez-de-chaussée et un pool-bar avec pergola sur le toit ·* **HISTOIRE** *Ouvert en 2019 ·* **LES « PLUS »** *Une visite des ruines voisines de Monte Albán, où vivaient autrefois les Zapotèques, les Mixtèques et les Aztèques*

TERRESTRE

PUERTO ESCONDIDO

TERRESTRE

Carretera Federal Salina Cruz, Santiago Pinotepa Nacional, Km 113, Puerto Escondido, Oaxaca, Mexico
Tel. +52 444 2404 458 · reservations@terrestrehotel.com
terrestrehotel.com

OUT OF THIS WORLD

How would aliens imagine the appearance of a terrestrial hotel? In which landscape on distant, strange, and fascinating Planet Earth would they place it? From what materials would they build it, in which shape and in which colors? It was an extraordinary approach that the Mexican architect Alberto Kalach took at the beginning of this project – and his answer to these questions is extraordinary, too. The Terrestre stands majestically in a spectacular position between the Pacific Ocean off Puerto Escondido and the Sierra Madre del Sur in the back country. Its stepped silhouette is reminiscent of the region's pre-Hispanic buildings and at the same time displays a contemporary touch that seems almost futuristic. Its rough materials – stone, wood, concrete, earth, clay, and sand – either come from the immediate vicinity or were produced on the spot. Its earthy shades of color take up the nuances of nature, and it plays with the effects of water, wind, and light. There are only fourteen villas, in which guests reside in a minimalistic, puristic environment with furniture by Oscar Hagerman and the scent of copal, a resin that the Maya held sacred. Each of the villas has two terraces, a private pool, and an outdoor bathroom, affording a magnificent view across the landscape. The clean lines of the buildings are complemented by a six-sided spa, a rectangular swimming pool, and a circular pool. Guests who cannot get enough of all this geometry and symmetry will find more architectural masterpieces near the hotel – including Casa Wabi, designed by Tadao Ando, a center for national and international artists-in-residence. ◆
Book to pack: "Paradise" by Fernanda Melchor

DIRECTIONS *About 35 minutes by car west of Puerto Escondido international airport* · **RATES** *$$$–$$$$* · **ROOMS** *14 villas for 2 guests each in 2 blocks* · **FOOD** *The open-air restaurant serves dishes made from local products, inspired by the cuisine of Mexico and the Mediterranean, along with cocktails and wines* · **HISTORY** *Opened in early 2022* · **X-FACTOR** *Sustainability is as important here as aesthetics: the hotel gets 100 percent of its power from solar energy*

EINE AUSNAHMEERSCHEINUNG

Wie würden sich Außerirdische ein terrestrisches Hotel vorstellen? In welche Landschaft auf dem fernen, fremden und faszinierenden Planeten Erde würden sie es stellen? Aus welchen Materialien würden sie es erbauen, welche Formen und Farben ihm geben? Es war ein ungewöhnlicher Ansatzpunkt, der für den mexikanischen Architekten Alberto Kalach am Anfang dieses Projekts stand – und es ist eine außergewöhnliche Antwort, die er auf diese Fragen fand. Das Terrestre thront in spektakulärer Lage zwischen dem Pazifik vor Puerto Escondido und der Sierra Madre del Sur im Hinterland. Seine stufenreiche Silhouette erinnert an die prähispanischen Bauten der Region und hat zugleich einen zeitgenössischen Touch, der schon fast futuristisch anmutet. Seine rauen Materialien – Stein, Holz, Beton, Erde, Lehm und Sand – stammen entweder aus der unmittelbaren Umgebung oder wurden direkt vor Ort hergestellt. Seine Erdtöne greifen die Nuancen der Natur auf, und es spielt mit den Effekten von Wasser, Wind und Licht. In den gerade einmal 14 Villen wohnt man in minimalistisch-puristischem Ambiente mit Möbeln von Oscar Hagerman und dem Duft nach Kopal, einem Harz, das schon den Maya heilig war. Jede der Villen hat zwei Terrassen, einen Privatpool und ein Outdoorbad, die einen großartigen Ausblick übers Land bieten. Die klaren Linien der Häuser werden von einem sechseckigen Spa, einem rechtwinkligen Schwimmbecken sowie einem runden Pool vervollständigt. Wer sich an all dieser Geometrie und Symmetrie nicht sattsehen kann, findet in der Nähe des Hotels weitere architektonische Meisterwerke – darunter die von Tadao Ando entworfene Casa Wabi, ein Zentrum für nationale und internationale Artists in Residence. ◆ Buchtipp: „Paradais" von Fernanda Melchor

ANREISE *Ca. 35 Fahrtminuten westlich des internationalen Flughafens Puerto Escondido gelegen* · **PREISE** *$$$–$$$$* · **ZIMMER** *14 Villen für je 2 Personen in 2 Gebäudeblöcken* · **KÜCHE** *Das Open-Air-Restaurant bietet mexikanisch und mediterran inspirierte Gerichte aus lokalen Produkten an, dazu Cocktails und Weine* · **GESCHICHTE** *Anfang 2022 eröffnet* · **X-FAKTOR** *Nachhaltigkeit ist hier ebenso wichtig wie Ästhetik: Das Hotel wird zu 100 Prozent mit Solarenergie betrieben*

UNE FIGURE D'EXCEPTION

Imaginons que des extraterrestres veulent construire un hôtel sur notre planète… Dans quel paysage de la lointaine, étrange et fascinante Terre le placeraient-ils ? Quels matériaux de construction choisiraient-ils, quelles formes et quelles couleurs lui donneraient-ils ? Ces questions insolites ont été à l'origine de ce projet pour l'architecte mexicain Alberto Kalach – et il leur a apporté une réponse extraordinaire. Le Terrestre trône sur un site spectaculaire entre l'océan Pacifique, au large de Puerto Escondido, et la Sierra Madre del Sur, dans l'arrière-pays. Sa silhouette étagée rappelle les constructions préhispaniques de la région, offrant toutefois des accents contemporains, presque futuristes. Ses matériaux bruts – pierre, bois, béton, terre, argile et sable – proviennent des environs immédiats, ou ont été fabriqués directement sur place. Ses tons de terre reprennent les nuances de la nature et il joue avec les effets de l'eau, du vent et de la lumière. Dans les 14 villas, on vit dans une ambiance minimaliste et puriste, côtoyant des meubles d'Oscar Hagerman et humant la senteur du copal, une résine déjà sacrée pour les Mayas. Chaque villa dispose de deux terrasses, d'une piscine privée et d'une salle de bains extérieure, qui offrent une vue magnifique sur la campagne. Les lignes épurées des maisons sont complétées par celles d'un spa hexagonal, d'une piscine à angle droit et d'un bassin rond. À proximité de l'hôtel, d'autres chefs-d'œuvre architecturaux attendent ceux qui ne se lassent pas d'admirer cette géométrie et cette symétrie, notamment la Casa Wabi, conçue par Tadao Ando, un centre pour artistes nationaux et internationaux en résidence. ◆ À lire : « Paradaïze » de Fernanda Melchor

ACCÈS *Situé à environ 35 min en voiture à l'ouest de l'aéroport international de Puerto Escondido* · **PRIX** *$$$–$$$$* · **CHAMBRES** *14 villas pour 2 personnes dans 2 blocs de bâtiments* · **RESTAURATION** *Le restaurant en plein air propose des plats d'inspiration mexicaine et méditerranéenne à base de produits locaux, ainsi que des cocktails et des vins* · **HISTOIRE** *Ouvert début 2022* · **LES « PLUS »** *La durabilité a autant de valeur que l'esthétique : l'hôtel fonctionne à 100 % à l'énergie solaire*

PLAYA VIVA

Carretera Zihuatanejo-Acapulco, Playa Icacos, Juluchuca, Guerrero, Mexico
Tel. +52 758 688 0144 · info@playaviva.com
playaviva.com

A HOLISTIC HOTEL

An Aztec settlement once occupied this spot. Its inhabitants produced salt, cocoa, and cotton for their kings. They obviously enjoyed long lives, as the original name of this area, Xolochiuhyan, can be freely translated as "place to grow old." Today, the Playa Viva stands in this pretty site measuring some 200 acres, with a private beach 1,400 yards long on the Pacific coast. The owners, who have made a wholehearted commitment to sustainable and regenerative tourism, had their land investigated before building work took place and discovered an archaeological site, which was then preserved. They also talked to people from the nearby town with the aim of designing the hotel according to their ideas, too. Many locals now work here or are engaged as guides, showing guests around their homeland off the beaten tourist track. The Playa Viva itself is a textbook ecological hotel. It runs entirely on solar energy and has an organic farm that grows fruit and vegetables, nuts and seeds, herbs and healing plants. It also operates a breeding station for baby turtles: since 2010 more than 450,000 newly hatched animals have been cared for. The rooms of the hotel are a sight in themselves and a perfect example of how wonderful green construction can be: the first, now award-winning, treehouses, designed in a conical shape by Kimshasa Baldwin (Deture Culsign), were mainly built from bamboo, one of the world's fastest-replenishing natural resources. For guests who stay here, each day starts and ends with a million-dollar view of the Pacific. The new treehouses, designed by Atelier Nomadic, go one step further with their fantastic, boldly sweeping roofs: they trace the shape of the mantas that float through the ocean off the coast. You have to hand it to the Aztecs – beneath a roof like this and in a place like this, you can happily grow old. ◆ Book to pack: "The Mutations" by Jorge Comensal

DIRECTIONS *40 minutes' drive south of Zihuatanejo international airport ·* **RATES** *$$$$, including transfers, full board (without alcoholic drinks), and morning yoga ·* **ROOMS** *19 casitas and treehouses ·* **FOOD** *Fresh, healthy Mexican dishes made from organic produce. Special dietary wishes, for example for vegan, vegetarian, or gluten-free food, can be met ·* **HISTORY** *David Leventhal and his wife Sandra Kahn discovered the site in 2005 and opened the hotel in 2009. The most recent treehouses were built in 2021 ·* **X-FACTOR** *Nature, architecture and humans in harmony*

EIN GANZHEITLICHES HOTEL

Einst gab es an dieser Stelle eine Aztekensiedlung, deren Bewohner Salz, Kakao und Baumwolle für ihre Könige herstellten. Sie genossen offenbar ein langes Leben, denn der ursprüngliche Ortsname Xolochiuhyan lässt sich frei mit „Platz zum Altwerden" übersetzen. Heute steht das Playa Viva auf diesem malerischen, rund 80 Hektar großen Gelände an einem 1,3 Kilometer langen Privatstrand am Pazifik. Seine Besitzer, die sich ganz dem nachhaltigen und regenerativen Tourismus verschrieben haben, ließen das Grundstück vor dem Bau wissenschaftlich untersuchen und entdeckten dabei eine archäologische Stätte, die so bewahrt werden konnte. Sie sprachen zudem mit den Menschen des nahen Städtchens, um das Hotel auch nach deren Ideen gestalten zu können. Viele Einheimische arbeiten inzwischen hier oder engagieren sich als Reiseführer, die ihren Gästen ihre Heimat abseits der Touristenpfade zeigen. Das Playa Viva selbst ist ein Ökohotel wie aus dem Lehr- und Bilderbuch. Es wird komplett mit Sonnenenergie betrieben, besitzt eine Biofarm, die Obst und Gemüse, Nüsse und Samen, Kräuter und Heilpflanzen kultiviert. Sie führt auch eine Aufzuchtstation für Baby-Schildkröten, seit 2010 wurden hier schon mehr als 450 000 frisch geschlüpfte Tiere versorgt. Eine Sehenswürdigkeit für sich und das beste Beispiel dafür, wie grandios umweltgerechtes Bauen sein kann, sind die Zimmer des Hotels: Die ersten und inzwischen preisgekrönten Baumhäuser, denen Kimshasa Baldwin (Deture Culsign) eine konische Form verliehen hat, wurden überwiegend aus Bambus konstruiert, eine der am schnellsten nachwachsenden natürlichen Ressourcen der Welt. Wer hier wohnt, beginnt und beendet jeden Tag mit einem traumhaften Blick auf den Pazifik. Noch einen gestalterischen Schritt weiter gehen die neuen, vom Atelier Nomadic entworfenen Baumhäuser mit ihren fantastischen, kühn geschwungenen Dächern: Diese zeichnen die Form der Mantas nach, die vor der Küste durchs Meer schweben. Man muss den alten Azteken recht geben – unter einem solchen Dach und an einem solchen Platz kann und will man alt werden. ◆ Buchtipp: „Verwandlungen" von Jorge Comensal

ANREISE 40 Fahrtminuten südlich des internationalen Flughafens von Zihuatanejo · **PREISE** $$$$, inkl. Transfers, Vollpension (ohne alkoholische Getränke) und Yoga am Morgen · **ZIMMER** 19 Casitas und Baumhäuser · **KÜCHE** Frische und gesunde mexikanische Küche aus Bioprodukten. Besondere Wünsche wie vegane, vegetarische oder glutenfreie Gerichte werden erfüllt · **GESCHICHTE** David Leventhal und seine Frau Sandra Kahn entdeckten das Grundstück 2005 und eröffneten das Hotel 2009. Die jüngsten Baumhäuser stammen von 2021 · **X-FAKTOR** Natur, Architektur und Mensch im Einklang

UNE VISION GLOBALE

Autrefois, cet endroit abritait un lotissement aztèque dont les habitants produisaient du sel, du cacao et du coton pour payer un tribut à leurs souverains. Ils jouissaient apparemment d'une longue vie, car le nom original du lieu, Xolochiuhyan, peut être librement traduit par « endroit pour vieillir ». Aujourd'hui, le Playa Viva se trouve sur ce terrain pittoresque d'environ 80 hectares, sur une plage privée de 1,3 kilomètre de long, au bord de l'océan Pacifique. Ses propriétaires, qui se consacrent entièrement au tourisme durable et régénérateur, ont fait étudier scientifiquement le terrain avant de le construire, ce qui a permis de découvrir un site archéologique qui a pu être préservé. Ils ont également discuté avec les habitants de la petite ville voisine afin de concevoir l'hôtel selon leurs idées. De nombreux habitants travaillent désormais ici ou s'engagent comme guides touristiques pour faire découvrir leur pays à leurs hôtes, hors des sentiers battus. Le Playa Viva lui-même est un éco-hôtel sorti tout droit d'un livre d'école illustré. Il fonctionne entièrement à l'énergie solaire et possède une ferme biologique qui cultive des fruits et des légumes, des fruits à coque et des graines, des fines herbes et des plantes médicinales. Elle gère également un centre d'élevage de bébés tortues, qui a déjà accueilli plus de 450 000 animaux fraîchement éclos depuis 2010. Les chambres de l'hôtel sont une curiosité en soi et le meilleur exemple de ce que peut être une construction écologique grandiose : les premières maisons dans les arbres, entre-temps primées et auxquelles Kimshasa Baldwin (Deture Culsign) a donné une forme conique, ont été construites principalement en bambou, l'une des ressources naturelles le plus rapidement renouvelable. Vivre ici, c'est commencer et finir chaque journée avec une vue spectaculaire sur l'océan Pacifique. Les nouvelles cabanes dans les arbres conçues par l'Atelier Nomadic vont encore plus loin en termes de design, avec leurs toits fantastiques aux courbes audacieuses qui redessinent la forme des raies manta vivant au large des côtes. Les anciens Aztèques ont vu juste : il fait bon vieillir sous un tel toit et à un tel endroit. ◆ À lire : « Les mutations » de Jorge Comensal

ACCÈS Situé à 40 min de route au sud de l'aéroport international de Zihuatanejo · **PRIX** $$$$, transfers, pension complète (sans boissons alcoolisées) et yoga matinal inclus · **CHAMBRES** 19 casitas et cabanes dans les arbres · **RESTAURATION** Cuisine mexicaine santé à base de produits bio frais. Plats végétaliens, végétariens ou sans gluten à la demande · **HISTOIRE** David Leventhal et sa femme Sandra Kahn ont découvert le terrain en 2005 et ouvert l'hôtel en 2009. Les cabanes dans les arbres les plus récentes datent de 2021 · **LES « PLUS »** La nature, l'architecture et l'être humain en harmonie

LO SERENO

TRONCONES

LO SERENO

Avenida de la Playa MZ 20 LT 12, Troncones, Guerrero, Mexico
Tel. +52 755 103 0073 · info@losereno.com
losereno.com

FAR FROM THE CITY

Rafael Sainz Skewes was born in Mexico City, where he also grew up and worked – until he reached the point where he wondered why he was living in this overcrowded mega-city and how he really wanted to spend his life. Since his childhood he has loved to be outdoors, to swim, play tennis, go hiking, and later to ride a motorbike. When he was on the road one day on his bike, aiming to clear his mind, he found this beach in Troncones – with a view far out across the Pacific Ocean, with hills sheltering it at the back, and so much energy that Rafael Sainz Skewes knew he had arrived. In no time at all he had bought a plot of land here, yet the city did not let go of him quickly. For nineteen years he kept on commuting to Troncones and considering how he could best use the land. And then, in the space of just one year, Lo Sereno was built – a casa de playa, a beach house with ten rooms and therefore with a private, casually luxurious atmosphere and with modern, minimalistic design, set in overwhelmingly beautiful natural surroundings. The architect, Jorge González Parcero, combined cool materials like concrete and glass with warm tropical wood. The rooms are fitted in restrained style with hand-made furnishings from Guadalajara and Mexican craftwork. There is a chic pool that glitters black and a wonderful view of the mint-colored gleam of the ocean. The name of the hotel ("the serene one") is programmatic: guests at Lo Sereno do little more than surf or lie beneath palm trees by day, and gaze at the sunset or dine beneath the stars in the evening – and that's all it takes for things to rebalance themselves. ◆
Book to pack: "Atlas Shrugged" by Ayn Rand, favorite reading of the hotel owner

DIRECTIONS *Troncones, once a fishing village, lies on the Pacific Ocean and is a paradise for surfers today. Zihuatanejo international airport is 30–40 minutes away by car* · **RATES** *$$$* · **ROOMS** *10 rooms with a pool or sea view and a terrace* · **FOOD** *The open-air restaurant "La Terrazza" serves Mexican and Spanish dishes and cocktails such as Lo Sereno, made with vodka, lemon, and a trace of basil* · **HISTORY** *Opened in November 2016* · **X-FACTOR** *Barefoot luxury at its best*

WEIT WEG VON DER STADT

Rafael Sainz Skewes wurde in Mexico City geboren, wuchs dort auf und arbeitete dort – bis zu dem Punkt, an dem er sich fragte, warum er in dieser überfüllten Megacity lebte und wie er sein Leben eigentlich verbringen wollte. Seit seiner Kindheit liebte er es, draußen zu sein, zu schwimmen, Tennis zu spielen, zu wandern oder später Motorrad zu fahren. Als er wieder einmal auf seiner Maschine unterwegs war, um den Kopf freizubekommen, fand er diesen Strand in Troncones – mit weitem Blick auf den Pazifik, den schützenden Bergen im Rücken und einer so starken Energie, dass Rafael Sainz Skewes wusste, angekommen zu sein, und hier im Handumdrehen ein Grundstück kaufte. Allerdings ließ ihn die Stadt nicht ganz so schnell los. 19 Jahre pendelte er immer wieder nach Troncones und überlegte, wie er das Land am besten nutzen sollte. Doch dann entstand innerhalb nur eines Jahres Lo Sereno. Eine Casa de Playa, ein Strandhaus mit zehn Zimmern und dementsprechend privater, lässig-luxuriöser Atmosphäre und mit modern-minimalistischem Design inmitten einer überwältigenden Natur. Der Architekt Jorge González Parcero kombinierte kühle Materialien wie Beton und Glas mit warmen Tropenhölzern. Die Zimmer sind mit in Guadalajara handgefertigten Möbeln und mexikanischem Kunsthandwerk zurückhaltend ausgestattet. Es gibt einen schicken, schwarz glitzernden Pool und eine herrliche Sicht auf den mintfarben schimmernden Ozean. Der Name des Hotels („Der Gelassene") ist Programm: Im Lo Sereno macht man nicht viel mehr, als tagsüber zu surfen oder unter Palmen zu liegen sowie abends in den Sonnenuntergang zu schauen und unter den Sternen zu essen – schon geraten die Dinge wie von selbst wieder ins Gleichgewicht. ◆ Buchtipp: „Der freie Mensch" von Ayn Rand, ein Lieblingsbuch des Hotelbesitzers

ANREISE *Troncones ist ein ehemaliges Fischerdorf am Pazifik und heute ein Surferparadies. Der internationale Flughafen Zihuatanejo ist 30–40 Fahrtminuten entfernt* · **PREISE** *$$$* · **ZIMMER** *10 Zimmer mit Pool- oder Seeblick und Terrasse* · **KÜCHE** *Das Open-Air-Restaurant „La Terrazza" serviert mexikanische sowie spanische Gerichte und Cocktails wie Lo Sereno mit Wodka, Zitrone und einem Hauch Basilikum* · **GESCHICHTE** *Im November 2016 eröffnet* · **X-FAKTOR** *Barefoot luxury at its best*

LOIN DE LA VILLE

Né à Mexico, Rafael Sainz Skewes y a grandi et travaillé, jusqu'au moment où il s'est demandé pourquoi il vivait dans cette mégapole surpeuplée et comment il voulait vraiment passer sa vie. Depuis son enfance, il aimait être dehors, nager, jouer au tennis, faire des randonnées ou, plus tard, faire de la moto. Il a découvert cette plage à Troncones alors qu'il était de nouveau en route sur sa machine pour se vider la tête. La vaste vue sur le Pacifique, les montagnes protectrices derrière la plage et l'énergie du lieu l'ont conquis. Rafael Sainz Skewes a su qu'il était arrivé et a acheté un terrain ici en un rien de temps. Mais la ville ne l'a pas lâché si vite et, pendant 19 ans, il a fait des allers-retours à Troncones, réfléchissant à la meilleure façon d'utiliser le terrain. Et puis, en l'espace d'un an seulement, Lo Sereno a vu le jour : une casa de playa, une maison de plage de dix chambres, offrant une atmosphère privée, décontractée et luxueuse et un design moderne et minimaliste au milieu d'une nature époustouflante. L'architecte Jorge González Parcero a combiné des matériaux froids comme le béton et le verre avec des essences tropicales chaleureuses. Les chambres d'une élégante sobriété abritent des meubles fabriqués à la main à Guadalajara et des pièces de l'artisanat mexicain. Il y a une piscine chic noire et brillante et une vue sublime sur l'océan qui scintille dans des tons de menthe à l'eau. Le nom de l'hôtel (« Le serein ») est tout un programme : au Lo Sereno, on ne fait guère plus que surfer ou rester allongé sous les palmiers pendant la journée, regarder le coucher de soleil et dîner sous les étoiles le soir – et les choses retrouvent d'elles-mêmes leur équilibre. ◆ À lire : « La grève » d'Ayn Rand, un des livres préférés du propriétaire de l'hôtel

ACCÈS *Ancien village de pêcheurs au bord du Pacifique, Troncones est aujourd'hui un paradis pour les surfeurs. L'aéroport international de Zihuatanejo est à 30–40 min de route* · **PRIX** *$$$* · **CHAMBRES** *10 chambres avec vue sur la piscine ou l'océan et terrasse* · **RESTAURATION** *Le restaurant en plein air « La Terrazza » sert des plats mexicains et espagnols ainsi que des cocktails comme Lo Sereno, à base de vodka, citron et basilic* · **HISTOIRE** *Ouvert en novembre 2016* · **LES « PLUS »** *Barefoot luxury at its best*

VERANA

YELAPA

VERANA

Bahía de Banderas, Puerto Vallarta, Jalisco, Mexico
Tel. +52 32 2227 5420 · reservations@verana.com
verana.com

HIGH ABOVE THE BAY

When Heinz and Veronique first climbed up to this hilly site near Yelapa in 1997, only jungle and stones were to be seen. There was no road, no building, no electricity. The contrast with Los Angeles, where Heinz constructed film sets for Hollywood productions and Veronique decorated them, could not have been greater. Yet these pristine, almost untouched natural surroundings high above the Bay of Banderas were exactly what they were looking for. Here they wanted to build a house, and were not deterred by the fact that every bit of material, however small, could only be brought to the site by boat and donkey and assembled there by hand. At first they only planned to build a single private house, but so many ideas occurred to them that one building appeared after another – nine of them by now, forming a delightful ensemble as a boutique hotel. Veronique has stylishly fitted out the interior and exterior spaces with hand-made furniture, Mexican tiles, fabrics, and craft-work, with a designer item here and there. All houses have a view far out to sea, and many of them are equipped with private pools. The V House designed by Heinz is especially worth a look – and a stay. It consists of several spaces that balance between the trees like inverted pyramids. Visitors to Verana feel somehow as if they are inhabiting their own wonderful world, where all the senses are enchanted. The restaurant cooks light, delicious Mexican meals, in the spa guests have their skin pampered with natural essences from the jungle, boat trips take them to lonely neighboring islands or hidden beaches, and a bath beneath the stars rounds off the day. Not even Los Angeles could be more splendid. ◆ Book to pack: "Like Water for Chocolate" by Laura Esquivel

DIRECTIONS *From Puerto Vallarta international airport it takes almost 1 hour to drive to Boca de Tomatlán, where the boat leaves for Yelapa (30 minutes). The ascent to the hotel takes 10 minutes and requires a certain level of fitness. Donkeys carry the baggage ·* RATES *$$$–$$$$ ·* ROOMS *9 houses, each for 2–4 guests. 10 minutes' walk away there is also a vacation home for 4 guests, Blue House, rented on a weekly basis ·* FOOD *Refined Mexican dishes in the restaurant, plus a new pool bar in the style of a street stall for tacos ·* HISTORY *Opened in 2000. The newest house, Casa Colibrí, dates from 2020 ·* X-FACTOR *A private paradise*

HOCH ÜBER DER BUCHT

Als Heinz und Veronique 1997 zum ersten Mal zu diesem Hügelgrundstück bei Yelapa hinaufstiegen, gab es hier nur Dschungel und Steine, keine Straße, kein Gebäude und keinen Strom. Größer hätte der Kontrast zu Los Angeles nicht sein können, wo Heinz Filmsets für Hollywoodproduktionen baute und Veronique sie dekorierte. Und doch war diese ursprüngliche und fast unberührte Natur hoch über der Bucht von Banderas genau das, was die beiden gesucht hatten. Hier wollten sie bauen und ließen sich nicht davon abschrecken, dass jedes noch so kleine Stück Material nur per Boot und Esel zum Grundstück gebracht werden konnte und dort in Handarbeit montiert werden musste. Eigentlich hatten die beiden nur ein einziges Privathaus geplant, doch dann kamen ihnen so viele Ideen in den Sinn, dass Gebäude um Gebäude entstand – neun sind es inzwischen, die als Ensemble ein hinreißendes Boutiquehotel bilden. Veronique hat Innen- und Außenräume mit handgefertigten Möbeln, mexikanischen Fliesen, Stoffen und Kunsthandwerk sowie hie und da einem Designerstück stilvoll eingerichtet. Alle Häuser blicken weit über die Bucht, manche haben Privatpools, und besonders sehens- und bewohnenswert ist das von Heinz entworfene V House. Es umfasst mehrere Räume, die wie umgedrehte Pyramiden zwischen den Bäumen balancieren. Man fühlt sich im Verana ein bisschen wie in einer eigenen, wunderbaren Welt, die alle Sinne bezaubert. Das Restaurant kocht leichte, köstliche mexikanische Gerichte, im Spa verwöhnen Naturessenzen aus dem Dschungel die Haut, Bootsausflüge führen zu einsamen Nachbarinseln oder versteckten Stränden, und der Tag klingt bei einem Bad unter den Sternen aus. Glanzvoller kann selbst Los Angeles nicht sein. ◆ Buchtipp: „Bittersüße Schokolade" von Laura Esquivel

ANREISE *Vom internationalen Flughafen Puerto Vallarta erreicht man in knapp 1 Fahrtstunde Boca de Tomatlán, wo das Boot nach Yelapa ablegt (30 min). Der Aufstieg zum Hotel dauert 10 min und verlangt etwas Kondition, Esel transportieren das Gepäck* · **PREISE** $$$–$$$$ · **ZIMMER** *9 Häuser für je 2–4 Personen. 10 Gehminuten entfernt gibt es zudem das Ferienhaus Blue House für 4 Gäste, das wochenweise vermietet wird* · **KÜCHE** *Feine mexikanische Gerichte im Restaurant, dazu eine neue Poolbar im Stil eines Taco-Straßenstands* · **GESCHICHTE** *2000 eröffnet. Das jüngste Haus, die Casa Colibrí, stammt von 2020* · **X-FAKTOR** *Ein privates Paradies*

LÀ-HAUT, AU-DESSUS DE LA BAIE

Lorsque Heinz et Veronique ont vu pour la première fois ce terrain à flanc de côteau près de Yelapa en 1997, il n'y avait ici ni route, ni bâtiment, ni électricité – uniquement de la végétation et des pierres. Le contraste avec Los Angeles, où Heinz construisait des plateaux de tournage pour les productions hollywoodiennes et Veronique les décorait, n'aurait pas pu être plus grand. Et pourtant, cette nature originelle et presque intacte, surplombant la baie de Banderas, était exactement ce que le duo recherchait. Ils voulaient construire ici et ne se sont pas laissés décourager par le fait que le matériel, même la plus petite pièce, ne pouvait être amené sur le terrain que par bateau et à dos d'âne et que tout devait être exécuté à la main. Ils n'avaient prévu qu'une seule maison privée, mais l'effervescence d'idées nouvelles a été telle que les bâtiments se sont succédés – il y en a aujourd'hui neuf, qui forment un hôtel-boutique de charme. Veronique a aménagé l'intérieur et l'extérieur avec goût en utilisant des meubles fabriqués à la main, des carreaux mexicains, des tissus et des objets artisanaux, ainsi que des pièces de design ici et là. Toutes les maisons donnent sur la baie, certaines ont des piscines privées, et la V House, conçue par Heinz, est particulièrement intéressante à voir et à vivre. Elle comprend plusieurs pièces intégrées entre les arbres et qui ressemblent à des pyramides tronquées inversées. Au Verana, on se sent un peu comme dans un monde merveilleux qui enchante tous les sens. Le restaurant prépare des plats mexicains légers et délicieux, le spa soigne la peau avec des essences naturelles de la jungle, les excursions en bateau mènent à des îles voisines isolées ou à des plages cachées, et la journée se termine par un bain sous les étoiles. Même Los Angeles ne saurait resplendir davantage. ◆ À lire : « Chocolat amer » de Laura Esquivel

ACCÈS *Boca de Tomatlán est à peine à 1 h de route de l'aéroport international de Puerto Vallarta. Le bateau pour Yelapa (30 min) part d'ici. Monter jusqu'à l'hôtel dure 10 min et demande une certaine condition physique, les ânes transportent les bagages* · **PRIX** $$$–$$$$ · **CHAMBRE** *9 maisons pouvant accueillir chacune 2–4 personnes. La maison bleue pour 4 personnes, louée à la semaine, se trouve à 10 min à pied* · **RESTAURATION** *Des plats mexicains raffinés au restaurant, ainsi qu'un nouveau bar de piscine dont le style évoque un stand de tacos* · **HISTOIRE** *Ouvert en 2000. La maison la plus récente, la Casa Colibrí, date de 2020* · **LES « PLUS »** *Un paradis à soi*

ACRE

ÁNIMAS BAJAS, SAN JOSÉ DEL CABO

ACRE

Rincón de las Ánimas, Calle Camino Real s/n, Ánimas Bajas, San José del Cabo, Baja California Sur, Mexico
Tel. +52 624 247 3059 · reservations@acreresort.com
acreresort.com

A GOOD TIME

What Cameron Watt and Stuart McPherson actually wanted when they traveled from Vancouver to San José del Cabo was simply to get away from the Canadian winter for a few days and enjoy the Mexican sun. Then, however, these two old friends chanced upon their "happy place" – a plot of land to dream of, with palms and mango trees, an oasis that might have been created especially for their first joint business venture. As Cameron already had experience as a bar owner, they decided to open a restaurant with a bar, a place where people could eat well, drink well, and have a good time – where Mexican food gained an international flavor and the atmosphere was as laid-back as on a beach but simultaneously as chic as in a city. The idea caught on and quickly became such a success that the two owners soon added a fantastic treehouse hotel to the Acre. Since then guests have been able to follow up their dinner by glamping at a height of thirteen to sixteen feet in the tops of the palm trees. The huts, standing on light steel frames, provide every amenity, including a bed and bathroom, terrace and outdoor shower (and there is even Internet access for those who can't do without it). But instead of firm walls, they have permeable screens made from the wood of the indigenous lapacho tree. The gentle breeze of the baja wafts between the thin branches, the sunlight paints patterns on the furnishings, and residents hear the birds sing. It is a wonderful feeling to wake up in the morning, safe and sound but amidst a natural environment. The day passes in a leisurely way with yoga in the mango grove or around the pool, a game of boccia, or a walk through the garden accompanied by peacocks, dwarf goats, rabbits, and donkeys. Then it is time for a sundowner, a good meal, and some good music – a sensuous rhythm that could happily go on forever. ◆ Book to pack: "El Llano in Flames" by Juan Rulfo

DIRECTIONS *Outside San José del Cabo, around 20 minutes' drive from Los Cabos international airport (a four-wheel-drive vehicle is essential, as the last section of the road is unpaved)* · **RATES** *$$$* · **ROOMS** *12 treehouses (for adults only)* · **FOOD** *Mexican and international dishes with produce from Acre's own organic farm, plus cocktails and own-brand mezcal* · **HISTORY** *Opened in 2016* · **X-FACTOR** *Laid-back luxury in natural surroundings*

EINE GUTE ZEIT

Eigentlich wollten Cameron Watt und Stuart McPherson nur für ein paar Tage dem kanadischen Winter entfliehen und die mexikanische Sonne genießen, als sie von Vancouver nach San José del Cabo kamen. Doch dann fanden die beiden langjährigen Freunde durch Zufall ihren „happy place" – ein traumhaftes Grundstück mit Palmen und Mangobäumen, eine Oase wie geschaffen für ein erstes gemeinsames Geschäftsprojekt. Da Cameron bereits Erfahrung als Barbesitzer hatte, entschieden sie sich für ein Restaurant mit Bar, für einen Ort, an dem man gut essen, gut trinken und eine gute Zeit haben konnte – wo mexikanische Küche einen internationalen Touch bekam und die Atmosphäre so lässig war wie an einem Strand und zugleich so schick wie in einer Stadt. Das Konzept ging auf und wurde so schnell so erfolgreich, dass die beiden Hausherren das Acre bald um ein fantastisches Baumhaushotel erweiterten. Seither kann man hier nach dem Dinner in vier bis fünf Metern Höhe und inmitten der Palmkronen glampen. Die auf leichten Stahlrahmen stehenden Hütten bieten mit Bett und Bad, Terrasse und Außendusche allen Komfort (wer nicht darauf verzichten kann, hat sogar Internetzugang). Doch statt fester Mauern haben sie durchlässige Wände aus dem Holz des einheimischen Lapacho-Baumes. Zwischen den dünnen Ästen weht die sanfte Brise der Baja hindurch, das Sonnenlicht malt Muster auf die Möbel, und man hört die Vögel singen. Es ist morgens einfach herrlich, gut geschützt und dennoch mitten in der Natur aufzuwachen. Der Tag verstreicht gemächlich beim Yoga im Mangohain oder am Pool, bei einer Runde Boccia oder einem Spaziergang durch den Garten in Gesellschaft von Pfauen, Zwergziegen, Hasen und Eseln. Dann wird es schon wieder Zeit für einen Sundowner, gutes Essen und gute Musik – es ist ein sinnlicher Rhythmus, der ewig so weitergehen könnte. ◆ Buchtipp: „Der Llano in Flammen" von Juan Rulfo

ANREISE *Außerhalb von San José del Cabo gelegen, ca. 20 Fahrtminuten vom internationalen Flughafen Los Cabos entfernt (ein Fahrzeug mit Allradantrieb ist essenziell, da das letzte Stück der Straße unbefestigt ist)* · **PREISE** *$$$* · **ZIMMER** *12 Baumhäuser (nur für Erwachsene)* · **KÜCHE** *Mexikanische und internationale Gerichte mit Zutaten vom eigenen Biohof, dazu Cocktails und Mezcal der hauseigenen Marke* · **GESCHICHTE** *2016 eröffnet* · **X-FAKTOR** *Lässiger Luxus mitten in der Natur*

DU BON TEMPS

Lorsqu'ils ont quitté Vancouver pour San José del Cabo, Cameron Watt et Stuart McPherson voulaient juste fuir l'hiver canadien pendant quelques jours et profiter du soleil mexicain. Et puis, les deux amis de longue date ont trouvé par hasard leur « happy place » – un terrain de rêve où poussaient des palmiers et des manguiers, une oasis idéale pour un premier projet commercial commun. Cameron ayant déjà de l'expérience en tant que propriétaire de bar, ils ont décidé de créer un restaurant avec bar, un endroit où l'on pourrait bien manger, bien boire et prendre du bon temps – la cuisine mexicaine y aurait une touche internationale et l'atmosphère y serait aussi décontractée que sur la plage et aussi chic qu'en ville. Le concept a connu un tel succès que les deux maîtres de maison ont rapidement ajouté à l'Acre un fantastique hôtel de cabanes dans les arbres. Depuis, on peut séjourner après le dîner, à quatre ou cinq mètres de hauteur, au milieu des cimes de palmiers. Les cabanes posées sur des cadres en acier léger offrent tout le confort nécessaire avec lit et salle de bains, terrasse et douche extérieure (ceux qui ne peuvent pas s'en passer ont même accès à Internet). Mais au lieu de murs solides, elles ont des parois en bois de lapacho, un arbre indigène, qui laissent passer l'air et la lumière. La douce brise de la Baja souffle entre les fines branches, le soleil dessine des motifs sur les meubles et on entend les oiseaux chanter. Le matin, c'est tout simplement merveilleux de se réveiller bien à l'abri et pourtant en pleine nature. La journée s'écoule tranquillement en faisant du yoga dans la mangueraie ou au bord de la piscine, en faisant une partie de pétanque ou en se promenant dans le jardin en compagnie des paons, des chèvres naines, des lapins et des ânes. Puis c'est déjà l'heure d'un cocktail, d'un bon repas et d'une bonne musique – un rythme sensuel qui pourrait durer éternellement. ◆ À lire : « Le Llano en flammes » de Juan Rulfo

ACCÈS *Situé à l'extérieur de San José del Cabo, à environ 20 min en voiture de l'aéroport international de Los Cabos (un 4x4 est indispensable vu que la dernière partie de la route n'est pas goudronnée)* · **PRIX** *$$$* · **CHAMBRES** *12 cabanes dans les arbres (pour adultes uniquement)* · **RESTAURATION** *Plats mexicains et internationaux préparés avec des produits de la ferme biologique, accompagnés de cocktails et de mezcal de la marque maison* · **HISTOIRE** *Ouvert en 2016* · **LES « PLUS »** *Un luxe insouciant au cœur de la nature*

HOTEL SAN CRISTÓBAL BAJA

TODOS SANTOS

HOTEL SAN CRISTÓBAL BAJA

Playa Punta Lobos, Carretera Federal No. 19, Km 54 + 800, Todos Santos, Baja California Sur, Mexico
Tel. +52 612 175 1530 · info@sancristobalbaja.com
sancristobalbaja.com

AT THE END OF THE ROAD

They lie no more than 45 miles apart – yet these two places are worlds away from one another. Far from the glitter and glamor, the beach life and nightlife of Cabo San Lucas, Todos Santos is a quiet and beautiful bit of Mexico. It has the resonant title "Pueblo Mágico" that the government awards to villages that are particularly idyllic, or culturally and historically important, and the "New York Times" once put Todos Santos on its coveted list of the fifty best travel destinations. Surfers love its waves, artists its light, and gourmets its fish, which is landed every day at the harbor from traditional panga boats. Its environs are an off-road paradise for motorcyclists – and one of these was the energetic Texan businesswoman Liz Lambert. She often rode her bike on the gravel tracks between the Pacific Ocean, the mountains, and the desert of Baja California Sur before opening her first hotel outside the United States in Todos Santos. The San Cristóbal Baja (fittingly located at the end of an extremely dusty road) is dedicated to Saint Christopher, the patron of travelers, and to Mexican crafts. The architecture practice Lake | Flato from Austin took inspiration from traditional methods of construction and building materials. From hand-made furniture and colorful fabrics to tiles in a brown, red, orange, and green Seventies look, almost every item comes from Mexican workshops. Palms and the giant cacti that are typical of Todos Santos frame the courtyard and pool, in the restaurant the freshest ceviche far and wide is brought to the table, and in the evening the sun sinks so consummately and Instagram-ready into the sea right in front of the hotel that it seems to have been hired especially for the purpose.
◆ Book to pack: "The Weightless Ones" by Valeria Luiselli

DIRECTIONS *Todos Santos lies at the foot of the Sierra de la Laguna. The hotel is located 10 minutes outside the village on Playa Punta Lobos. The journey from Los Cabos international airport takes about 1 hour 15 minutes* · **RATES** *$$$$* · **ROOMS** *32 rooms and suites* · **FOOD** *Simple Mexican and Mediterranean dishes are on the menu in the restaurant "Benno," and there is also a pool bar* · **HISTORY** *Todos Santos was founded as a mission station in 1724. The hotel opened in 2017* · **X-FACTOR** *The weekly "caminatas con concierge," when the concierge personally hikes through the surrounding country with guests*

AM ENDE DER STRASSE

Gerade einmal 75 Kilometer trennen sie – und doch liegen Welten zwischen diesen beiden Orten: Fern vom Glanz und Glamour, Strand- und Nachtleben in Cabo San Lucas ist Todos Santos ein stilles und wunderschönes Stück Mexiko. Es trägt den klingenden Titel eines „Pueblo Mágico", den die Regierung besonders idyllischen, kulturell und historisch bedeutsamen Dörfern verleiht, und die „New York Times" setzte den Ort schon auf ihre begehrte Liste der 50 besten Reiseziele. Surfer lieben seine Wellen, Künstler sein Licht und Gourmets seinen Fisch, der täglich mit traditionellen Pangabooten am Hafen angeliefert wird. Für Motorradfahrer ist sein Umland ein Offroad-Paradies – so auch für die energiegeladene texanische Unternehmerin Liz Lambert. Sie war mit ihrer Maschine oft auf den Schotterstraßen zwischen dem Pazifik, den Bergen und der Wüste von Baja California Sur unterwegs, ehe sie bei Todos Santos ihr erstes Hotel außerhalb der Vereinigten Staaten eröffnete. Das Hotel San Cristóbal Baja (passenderweise am Ende einer recht staubigen Straße gelegen) ist Sankt Christophorus, dem Schutzheiligen der Reisenden, und dem mexikanischen Kunsthandwerk gewidmet. Das Architekturbüro Lake | Flato aus Austin ließ sich von überlieferten Bauweisen und -materialien inspirieren. Von den handgefertigten Möbeln über die farbenprächtigen Stoffe bis hin zu den Fliesen mit ihrem Seventies-Look in Braun, Rot, Orange und Grün stammt so gut wie jedes Stück aus mexikanischen Werkstätten. Palmen und die für Todos Santos typischen Riesenkakteen umrahmen Hof und Pool, im Restaurant kommt das frischeste Ceviche weit und breit auf den Tisch, und abends versinkt die Sonne so formvollendet und Instagram-tauglich direkt vor dem Hotel im Meer, als wäre sie eigens dafür engagiert worden. ◆
Buchtipp: „Die Schwerelosen" von Valeria Luiselli

ANREISE *Todos Santos liegt am Fuß der Sierra de la Laguna. Das Hotel steht 10 min außerhalb des Ortes an der Playa Punta Lobos. Die Fahrt vom internationalen Flughafen Los Cabos dauert ca. 1 Std. 15 min* · **PREISE** *$$$$* · **ZIMMER** *32 Zimmer und Suiten* · **KÜCHE** *Im Restaurant „Benno" stehen einfache mexikanische und mediterrane Gerichte auf der Karte. Zudem gibt es eine Poolbar* · **GESCHICHTE** *Todos Santos ist eine ehemalige Missionsstation, die 1724 gegründet wurde. Das Hotel feierte 2017 Eröffnung* · **X-FAKTOR** *Die wöchentlichen „caminatas con concierge", bei denen der Concierge persönlich mit den Gästen durchs Umland wandert*

AU BOUT DE LA RUE

75 kilomètres seulement entre ces deux endroits – et pourtant un monde les sépare : loin des paillettes et du glamour, des plages et de la vie nocturne de Cabo San Lucas, Todos Santos c'est le Mexique calme et magnifique. Le village porte le titre évocateur de « Pueblo Mágico », décerné par le gouvernement à des localités particulièrement idylliques, importantes sur le plan culturel et historique, et le « New York Times » l'a déjà placé sur sa liste très convoitée des 50 meilleures destinations touristiques. Les surfeurs aiment ses vagues, les artistes sa lumière et les gourmets son poisson, qui est livré chaque jour au port par des bateaux Panga traditionnels. Pour les motards, ses environs sont un paradis tout-terrain – d'ailleurs Liz Lambert, une entrepreneuse texane pleine d'énergie, a souvent parcouru sur sa machine les routes cailloteuses qui s'étalent entre le Pacifique, les montagnes et le désert de la Basse-Californie du Sud, avant d'ouvrir son premier hôtel hors des États-Unis près de Todos Santos. L'hôtel San Cristóbal Baja (situé de manière appropriée au bout d'une rue assez poussiéreuse) est dédié à saint Christophe, patron des voyageurs, et à l'artisanat mexicain. Le cabinet d'architectes Lake | Flato d'Austin s'est inspiré des méthodes et des matériaux de construction traditionnels. Des meubles fabriqués à la main aux carreaux au look seventies dans les tons marron, rouge, orange et vert, en passant par les étoffes aux couleurs vives, pratiquement tout provient d'ateliers mexicains. Les palmiers et les cactus géants typiques de Todos Santos entourent la cour et la piscine, le restaurant sert le ceviche le plus frais de la région, et le soir, le soleil se couche dans la mer juste devant l'hôtel, avec une perfection digne d'Instagram – on dirait qu'il a été spécialement engagé pour cela. ◆ À lire : « Des êtres sans gravité » de Valeria Luiselli

ACCÈS *Todos Santos est situé au pied de la Sierra de la Laguna. L'hôtel se trouve à 10 min en dehors du village, sur la Playa Punta Lobos. Le trajet depuis l'aéroport international de Los Cabos dure environ 1 h 15* · **PRIX** *$$$$* · **CHAMBRES** *32 chambres et suites* · **RESTAURATION** *Le restaurant « Benno » propose des plats simples de la cuisine mexicaine et méditerranéenne. Il y a également un bar à la piscine* · **HISTOIRE** *Todos Santos est une ancienne station missionnaire fondée en 1724. L'hôtel a ouvert ses portes en 2017* · **LES « PLUS »** *Les « caminatas con concierge » hebdomadaires, au cours desquelles le concierge fait des randonnées avec les hôtes dans les environs*

PHOTO CREDITS

8 **Anavilhanas Jungle Lodge**
Supplied by the hotel

16 **Barracuda Hotel & Villas**
Supplied by the hotel

26 **Uxua Casa Hotel & Spa**
pp. 26–31, 33 above: supplied by the hotel; pp. 32, 33 below, 34–35: Tuca Reinés

36 **Fasano Trancoso**
Supplied by the hotel

42 **Fazenda São Francisco do Corumbau**
Tuca Reinés

50 **Vila Naiá**
pp. 50–51, 55, 57: Tuca Reinés; pp. 52, 56: supplied by the hotel

58 **Casa Turquesa**
Supplied by the hotel

64 **Fasano Boa Vista**
pp. 64–66, 70: supplied by the hotel; pp. 69, 71: Tuca Reinés

72 **Ponta dos Ganchos**
Tuca Reinés

78 **Posada Ayana**
Supplied by the hotel (pp. 78–80, 86–87: Tali Kimelman; pp. 83, 85 below: Marcos Guiponi)

88 **Casa Zinc**
Supplied by the hotel (pp. 88–93: Ricardo Labougle)

96 **Fasano Punta del Este**
Supplied by the hotel

102 **Big Bang**
Supplied by the hotel

110 **La Becasina Delta Lodge**
Tuca Reinés

116 **La Bamba de Areco**
Supplied by the hotel

122 **Patios de Cafayate**
Tuca Reinés

128 **Explora El Chaltén**
Supplied by the hotel

134 **Tierra Patagonia**
Supplied by the hotel

140 **Mari Mari Natural Reserve**
Supplied by the hotel

146 **Hotel Antumalal**
Tuca Reinés

154 **Hotel Casa Real**
pp. 154–155, 159 above left and below right: supplied by the hotel; pp. 156, 159 above right and below left: Tuca Reinés

160 **Hotel Las Majadas**
Supplied by the hotel

168 **Explora Rapa Nui**
Supplied by the hotel

176 **Tierra Atacama**
Supplied by the hotel

182 **Nayara Alto Atacama**
Supplied by the hotel

188 **Travesía Explora Atacama-Uyuni**
Supplied by the hotel

194 **Monasterio**
pp. 194–195, 200 above and below right, 201 above left: Tuca Reinés; pp. 196, 199, 200 below left, 201 above right and below: supplied by the hotel

202 **Explora Valle Sagrado**
pp. 2–3, 6, 202–213: supplied by the hotel

214 **Kapawi Ecolodge**
pp. 214–216, 219 above: Diego García, supplied by the hotel; p. 219 below: Tuca Reinés

220 **Casa Gangotena**
pp. 220–221: Tuca Reinés; pp. 222–225: supplied by the hotel

226 **Mashpi Lodge**
Supplied by the hotel

232 **Hotel San Pedro de Majagua**
Tuca Reinés

238 **Copa De Árbol**
Supplied by the hotel

244 **Nantipa**
Supplied by the hotel

250 **Nayara Tented Camp**
Supplied by the hotel

256 **Morgan's Rock**
Supplied by the hotel

262 **Isleta El Espino**
Carley Rudd

268 **Tribal Hotel**
Julien Capmeil, supplied by the hotel

274 **Villa Bokéh**
Supplied by the hotel

280 **Turtle Inn**
Supplied by the hotel (pp. 280–282: Aaron Colussi; p. 285: Gundolf Pfotenhauer)

286 **Habitas Bacalar**
Tanveer Badal, supplied by the hotel

292 **Mesón Hidalgo**
pp. 292–299, 359: Pepe Molina, supplied by the hotel

300 **Casa de Sierra Nevada**
Supplied by the hotel

306 **Escondido Oaxaca**
Sergio Alejandro López Jimenez/designhotels.com, supplied by the hotel

314 **Terrestre**
Jaime Navarro, supplied by the hotel

322 **Playa Viva**
Supplied by the hotel (pp. 322–323: Kevin Steele/kvsteele.com; p. 324: Leonardo Palafox; p. 327 below: Victoria Gamlen)

328 **Lo Sereno**
Kate Berry, supplied by the hotel

334 **Verana**
Supplied by the hotel (pp. 334–336, 340, 341 below: Laura Austin; pp. 339 above, 341 above: Nancy Bachmann; p. 339 below: Jae Feinberg)

342 **Acre**
Supplied by the hotel (pp. 342–343, 344 below, 347 below, 348 below: Gina & Ryan; pp. 347 above, 348 above, 349: Alyssa Reece)

350 **Hotel San Cristóbal Baja**
Nick Simonite, supplied by the hotel

IMPRINT

EDITING, ART DIRECTION AND LAYOUT
Angelika Taschen, Berlin

With very special thanks to Jerónimo Pérez Harajda, Santiago de Chile and Prague

PROJECT MANAGER
Stephanie Paas, Cologne

DESIGN
Maximiliane Hüls, Cologne

TEXTS
Christiane Reiter, Brussels

ENGLISH TRANSLATION
John Sykes, Cologne

FRENCH TRANSLATION
Michèle Schreyer, Cologne
Alice Pétillot, Bordeau

EACH AND EVERY TASCHEN BOOK PLANTS A SEED!
TASCHEN is a carbon-neutral publisher. Each year, we offset our annual carbon emissions with carbon credits at the Instituto Terra, a reforestation program in Minas Gerais, Brazil, founded by Lélia and Sebastião Salgado. To find out more about this ecological partnership, please check: www.taschen.com/zerocarbon
Inspiration: unlimited. Carbon footprint: zero.

Want to see more? Visit taschen.com to view our current publications, browse our latest magazine, and subscribe to our newsletter.

The published information, addresses and pictures have been researched with the utmost care. However, no responsibility or liability can be taken for the correctness of details.

© 2025 TASCHEN GmbH
Hohenzollernring 53, D-50672 Köln
www.taschen.com

© 2025 "Ta Khut Skyspace" by James Turrell

Original edition: © 2022 TASCHEN GmbH

Printed in Slovakia
ISBN 978-3-8365-8435-7

FRONT COVER
Scene in San Miguel de Allende, Mexico
Photo: Pepe Molina, supplied by the hotel Mesón Hidalgo

BACK COVER
Mesón Hidalgo, Mexico
Photo: Pepe Molina, supplied by the hotel Mesón Hidalgo

ENDPAPERS
Dirt road to Punta Lobos, Mexico
Photo: Nick Simonite, supplied by the hotel San Cristóbal Baja